나의 직업

정치가

행복한 직업 찾기
나의 직업 정치가

1판 1쇄 펴낸날 2014년 6월 13일
1판 3쇄 펴낸날 2018년 7월 10일

엮 은 이 | 청소년행복연구실
펴 낸 곳 | 동천출판

등   록 | 2013년 4월 9일 제319-2013-25호
주   소 | 서울특별시 서초구 효령로 60길 15(서초동, 202호)
전화번호 | (02) 588 - 8485
팩   스 | (02) 583 - 8480
전자우편 | dongcheon35@naver. com

값 15, 000원
ISBN 979-11-85488-24-0 44370

행복한 직업 찾기 시리즈

나의직업 정치가

동천출판
Dongcheon

CONTENTS

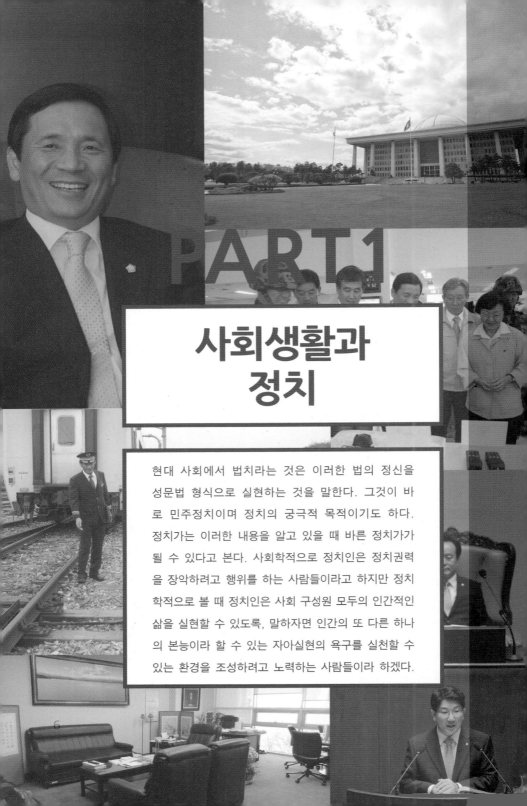

PART 1

사회생활과
정치

현대 사회에서 법치라는 것은 이러한 법의 정신을 성문법 형식으로 실현하는 것을 말한다. 그것이 바로 민주정치이며 정치의 궁극적 목적이기도 하다. 정치가는 이러한 내용을 알고 있을 때 바른 정치가가 될 수 있다고 본다. 사회학적으로 정치인은 정치권력을 장악하려고 행위를 하는 사람들이라고 하지만 정치학적으로 볼 때 정치인은 사회 구성원 모두의 인간적인 삶을 실현할 수 있도록, 말하자면 인간의 또 다른 하나의 본능이라 할 수 있는 자아실현의 욕구를 실천할 수 있는 환경을 조성하려고 노력하는 사람들이라 하겠다.

1 인간 생활로서의 정치

　‘사회’라는 말은 우리가 일상적으로 사용하지만 정작 그 뜻을 말하라고 하면 쉽게 이렇다하고 말할 수 있는 사람은 많지 않을 것이다.

　‘집단’이라는 말과 사회는 어떻게 다르며, ‘공동체’라는 말과는 또 어떻게 다른가?

　그리고 ‘국가’라는 단어와는 어떻게 구분할까? 등등을 생각하면 사회라는 말이 그리 단순한 말은 아닌 것 같다.

　그러나 오늘날 우리들은 소수의 예외를 제외하면 거의 모든 사람들이 사회 속에서 살아가고 있으며 사회라는 울타리 속에서 모든 생활을 꾸려가고 있다.

그러면 사회라는 것은 어떤 특성을 가지고 있을까?

많은 학자들이 사회에 대해서 여러 가지 정의를 하고 있지만 어느 하나 정확하게 사회를 설명하지 못하고 있다. 모두 사회가 가지고 있는 특성 중 하나를 말하는 수준에서 그친다.

그래서 어느 서양정치가는 '사회는 없다'고까지 말했다.

하지만 우리는 사회 속에서 태어나고 사회 속에서 활동하고 사회 속에서 생을 마감하고 있다는 말에 아니라고 반박할 사람 또한 별로 없을 것이다. 그러면 사회란 무엇일까?

우리가 일상생활에서 사용하는 사회라는 말은 사람들이 모여 생활하는 모든 형태를 지칭한다. 원시사회, 종교사회, 이익사회, 공

동체사회, 경제사회, 정치사회, 국가사회 등등과 같이 다양한 형태를 나타내는 말로 사용되고 있다. 그러나 이는 모여 산다는 의미일 뿐이고 우리가 이야기하려고 하는 사회는 이와 달리 좀 더 분화된 의미를 갖는다.

그런데 사회라는 용어가 좀 더 구체적인 의미를 가지게 되면 이제까지 우리가 사용하던 방식대로 이 말을 사용할 수 없게 된다는 점을 염두에 두어야 한다.

먼저 위에서 말하는 종교사회, 이익사회, 공동체사회, 혹은 경제사회 등을 살펴보면 여기 사용된 사회라는 말은 사회 자체에 대한 표현이 아니고 특정 활동이나 성격을 중심으로 형성된 조직체를 의미한다고 봐야 한다. 그래서 이 사회들은 중첩될 수 있다. 즉 경제사회의 구성원이면서 동시에 종교사회의 구성원일 수 있으며 정치사회의 구성원인 경우도 가능하다는 것이다.

그러면 '사회'라는 것은 무엇이며 어떤 경우에 이 말을 사용할 수 있을까?

가장 간단하게 사회의 특성을 말하자면 사회는 상당수의 구성원들이 역할 관계로 이어져 있을 때 우리는 이 말을 붙일 수 있을 것 같다. 이익 관계, 정서 관계, 종교 관계, 경제 관계 등등으로 얽힌 사람들을 우리는 그 역할의 특성에 따라 이익사회, 공동체사회, 종교사회, 경제사회라고 하는 것이다.

이러한 의미에서 볼 때 원시사회라는 것은 약간 애매모호할 수 있다. 우리가 원시사회라고 할 때에는 말한 것처럼 부족원들 사

이에 역할 관계가 있어야 하는데 언제부터, 어떤 형태를 갖출 때부터 원시사회라 칭해도 되는지에 관한 이야기를 하기 어렵다. 원시사회 속에는 원시적 무리집단이 있을 수 있고 원시공동체도 있을 수 있다. 무리는 사회가 아니기에 구성원들의 역할이 없다. 원시공동체 역시 동물 수준에서 갓 벗어난 아주 초보적인 역할만 있게 된다. 그래서 이 역할이 어느 정도 되었을 때 우리가 사회라는 용어를 사용할 수 있는지에 대해서는 아직 많은 생각이 필요하다.

여기서는 다만 사회 속에서 생활하는 구성원들은 각자 그 속에서 살아가는 데 필요한 역할이 있다는 것을 말하려고 한다.

사회 속에서 형성된 사람의 역할에 대해 인류 역사상 많은 학자들이 조사하고 연구 분석하였다. 그 결과 어떤 역할은 인간의 인지력 발달과 더불어 자연적으로 형성된 것도 있지만 어떤 것은 인간이 의도적으로 만든 것도 있다는 것을 알았다.

역할 관계가 어떤 식으로 되면 지금보다 더 좋을까? 어떻게 하면 좀 더 인간적으로 살 수 있을까?

그러면 인간적이라는 것은 어떤 것일까? 이렇게 사는 것이 인간적일까?

사회 속에서 저렇게 행동하는 것도 인간적인 것일까?

이처럼 보다 나은 인간적인 삶과 행복을 추구하려는 사람들의 노력이 끊임없이 인류역사에 내려오고 있다. 이러한 노력은 원시시대부터 있었던 것은 아니고 인간의 문화가 어느 정도 축적된 이후에 나타나는 현상으로서 생각을 통해서만 가능하기에 오랜 인류

▲ 국회 개회식 및 본회의 모습

역사에 비하여 볼 때 나타난 지가 그렇게 오래 된 것은 아니라고 볼 수 있다.

우리는 이러한 인간의 노력을 '정치'라고 한다. 그래서 정치는 인간을 구성원으로 역할 관계가 형성된 사회에서 비로소 가능한 것이며 보다 나은 인간의 삶을 추구하는 방향으로 나아간다.

그래서 사회는 어느 사회를 막론하고 '정치'라는 현상이 일어나며 그 본질적 목표는 보다 잘 사는 것이다.

인류의 역사를 보면 정치를 빙자하여 사회구성원들을 억압하고 착취하는 많은 사례를 볼 수 있는데 이는 정확하게 표현하자면 '정치'가 아니고 '지배'라 할 수 있다. 흔히 폭정이라느니 폭군이라느니 하는데 이는 잘못된 표현이다. 폭정과 폭군은 정치가 아니며 정치인이 아니다. 그것은 폭력을 사용한 지배이며 폭력을 휘두르는 지배자일 뿐이다. 조선시대에 포악한 왕에 대하여 '종' 대신에 '군'이라고 붙인 것이 그러한 경우인데 이는 우리나라가 정치라는 측면에 있어서는 서양의 다른 나라들보다 앞섰다는 것을 보여주는 사례이다.

정치와 지배는 이처럼 다르다.

우리가 흔히 말하는 잘산다는 것은 1차적으로 경제적인 풍요로움을 말하는데 이는 모든 인간과 사회의 공통된 소망이다. 이는 동서양을 막론하고 모두가 인정하는 바이다. 고대 그리스의 플라톤도 인간에게 1차적으로 필요한 것은 경제적 욕구의 충족이라 했고 맹자도 '사람이 경제적으로 부족하면 사람답게 살 수 없다'고 했다. 이는 사람이 다른 동물들과 마찬가지로 먹어야 살 수 있기 때문이다.

그러나 경제적 요건은 어디까지나 다음 단계로 나아가기 위한 준비 단계로서 필요한 것이지 그것이 사람들 생활의 최종 목적은 아니라고 했다. 이 역시 동서양을 막론하고 똑같이 인정하고 있다. 그러면 사람들이 생활하는 최종 목표는 무엇일까?

경제적 풍요를 넘어서 잘 사는 것은 무엇일까?

바로 인간답게 사는 것이다. 사회 속의 모든 구성원들이 인간답게 사는 것이 인간 활동의 최종 목표라 하겠다. 따라서 사람들의 생활 그 자체가 잘 살기 위한 활동, 인간답게 살기 위한 활동으로 이것이 바로 정치인 것이다. 그래서 정치는 인간의 사회생활과 불가분의 관계에 있으며 정치가 존재하지 않는 사회는 불행한 사회라고 할 수 있다.

정치는 인간 사회가 보다 나은 방향으로 나아갔으면 하는 바람에서 시작되며 그것은 인간 본성의 발현이기도 하다. 그래서 정치는 인간의 윤리와 밀접한 관계를 가지고 있다.

오늘날 정치인들이 권력을 잡고서도 자기 마음대로 할 수 없는 것은 정치의 이러한 속성 때문이기도 하다. 경제 정책에서 실패한 것보다 비윤리적 행위를 했을 때 정치적으로 더 큰 손해를 당하는 이유이다.

인간의 욕망과 평화

사람도 다른 생명체와 마찬가지로 생존에 대한 본능의 지배를 받는다. 그런데 인간은 동물들이 가지고 있는 감각 능력을 넘어, 감각적 경험을 재료로 하여 생각하는 능력을 가지고 있다. 이는 다른 동물들에게서 볼 수 없는 현상으로 본능과 결부되어 욕망이라는 형태로 나타난다고 하겠다. 그래서 욕망이라는 것은 어떻게 하면 본능이 바라는 것을 보다 효과적으로 달성할 수 있을까하는 생각이라고 볼 수 있다. 그 결과 필요 이상의 것을 바라게 되는데 이는 그것이 모두 사용되기 때문이 아니고 그렇게 해야지만 비로소 안심이 되기 때문이다. 말하자면 안심하고 본능을 충족시킬 수 있다고 여기기 때문이다. 그럼으로 욕망이라는 것은 생각할 능력이 없는 동물들에게는 없다. 동물은 배가 고프면 먹고 피곤하면 잔다. 그때 그때 필요한 것을 충족시킬 뿐이다. 그러나 사람은 배가 고프지 않아도 먹이를 사냥하며, 위험이 없어도 대비책을 세운다. 일어나지 않은 미래의 일과 위험에 대한 준비를 하는 것이다. 그런데 문제는 이 미래가 언제까지냐는 것이다. 다른 모든 생명체와 마찬가지로 생명이 유한한 인간인데 마치 영원히 살 것처럼 아주 먼 미래까지 준비하는 것이다. 그래서 사람의 욕망은 무한하다고 한다.

이처럼 인간의 욕망은 끝이 없다보니 사회라는 제한된 울타리 속에 살다보면 서로 충돌하기 쉽고 이러한 충돌은 사회적 불안을 가져온다. 그런데 사회적 불안은 구성원들이 그냥 불안한 것이 아니고 바로 구성원인 사람들의 죽음을 의미한다. 죽음은 또 다른 본능적 반항을 낳게 되어 사회적 불안은 불안으로 계속 이어지게 된다.

그래서 사람들의 욕망을 관리하지 않으면 사회는 불안하여 사람들이 살 수 없게 된다. 이에 무엇보다도 사회의 평화가 가장 필요하게 되었다. 어떻게 하면 평화를 이룩할 수 있을까를 사람들은 생각하고 평화를 염원하기에 이르렀다. 그래서 어떤 부류의 사람들은 모든 욕망을 버리라고 말하기도 하고 어떤 사람들은 적당한 한

계를 두자고 말하기도 했다. 말하자면 불안과 충돌의 원인인 욕망 자체를 부정하면 사람들 사이의 충돌이 사라질 것으로 본 것이다. 그래서 욕망을 죄악의 근원으로 보고 욕망의 발원체인 인간 자체 에게 욕망을 포기하기를 요구했다. 그러나 사람들의 욕망이 쉽사 리 사라지지 않자 사람들이 대항할 수 없는 신(神)을 앞세워 신 앞 에 모든 욕망을 내려놓기를 바랐다. 즉 신(神)을 통한 평화를 추구 한 것이다.

그런데 인간이 욕망을 버린다는 것은 어찌 보면 인간의 본성 에 반대되는 면이 있는 것으로 결코 쉬운 일이 아니라는 것을 인정 하고 그 욕망에 한계를 둠으로써 서로의 충돌을 방지하고자 한 사

람들도 있었다. 이들은 욕망을 제한하거나 다른 것으로 순화하거나 스스로 자제하도록 하면 충돌을 방지할 수 있다고 보았다. 바로 법과 윤리를 통하여 사회적 평화를 도모하고자 한 것이다.

앞의 것을 우리는 종교적 방식이라고 한다면 뒤의 것은 정치적 방식인 것이다. 이는 사회를 관리하는 가장 큰 접근 양식으로 신(神) 중심적 사고방식과 인간(人間) 중심적 사고방식에서 시작한다.

그래서 인간 사회는 종교와 정치를 떠나서 생각할 수 없고 종교와 정치를 떠나 존재하는 사회가 있다면 그것은 인간의 사회가 아니고 신선(神仙)들의 사회이던지 사회가 아닌 동물들의 무리일 것이다.

인류 초기 사회에 있어서 종교와 정치가 합쳐진 것도 인간 욕망의 충돌로부터 평화를 이룩하자는 인간적 소망에서 비롯되었으나 인간 의식의 미발달로 구분되지 않고 합쳐져 있었던 것이다.

따라서 정치는 인간 사회의 성립과 더불어 발생하였으며 인간 사회를 인간 사회답게 만들고 존속할 수 있도록 하였다고 볼 수 있다.

이러한 관점에서 볼 때 정치는 애당초 발전이라는 개념이 없었다고 하겠다. 우선적으로 요구한 것이 평화인데 정치는 이 평화를 위하여 소극적인 수단으로 법을, 적극적인 수단으로 윤리를 사용하였다. 이를 수단으로 정치는 인간 사회를 평화롭게 유지하려고 하였다.

이처럼 정치의 발생론적 측면에서 보면 발전이라는 것은 없었는데 오늘날 모든 정치는 발전해 왔다고 하면서 또 앞으로 발전해 나가려고 한다. 그러면 발전의 개념은 어디에서 왔을까?

정치적 발전에 대한 생각은 사회가 발달하면서 점진적으로 이루어지는데 이는 종교적 영향 에서 비롯되었다고 하겠다. 특히 서양의 기독교 정신에서 나온 것으로 정치적 발전론이라는 개념 자체도 서양의 개념이라 볼 수 있다.

사회 질서와 정의

사회 질서라는 것은 인간의 다양성을 인정하면서 이야기하는 것이다. 다양성이 없다면 질서라는 것도 없을 것이다. 모두 한결 같이 한 가지만 한다면 질서라는 것이 어디 있겠는가? 그것은 질서가 아니고 법칙일 것이다. 시냇물이 한 곳으로 흘러가는 것을 보고 우리는 물이 질서 있게 흘러간다고 하지 않는 것이다.

그래서 질서라는 것은 인간이 모여 사는 인간적 사회에서만 있는 것이다. 사람들이 모여 살아도 종교적 사회에서는 질서라는 것이 없다. 그곳에는 질서 대신에 계열이나 신의 말씀만 있을 뿐이다. 질서는 그 구성 요소가 인간의 욕망이다. 욕망의 조화로운 정리 조정 상태를 질서라고 하지 욕망이 없는 상태에서는 질서도 있을 수 없다고 본다.

그런데 사회는 다양한 인격과 성격을 지닌 많은 사람들이 함께 생활하는 장인데 이 다양한 개체들의 욕망들이 충돌하지 않도록 하려면 서로를 조정할 수 있는 합리적이고 조화로운 잣대가 반드시 있어야 한다. 그래야만 사회가 평화롭게 유지 될 수 있을 것이다. 이 때 조정하는 잣대를 정의(正義)라고 하는데 정의는 조화로운 방법으로 각 개체의 충돌을 정리 조정하여 평화로운 사회를 존속시킨다. 이 정리 조정된 상태를 질서라고 한다. 그래서 정의와 질서는 정신과 그 정신이 구현된 형상의 관계에 있다고 할 수 있다.

일반적으로 정의가 사회의 다양성을 조화롭게 정리 조정할 때

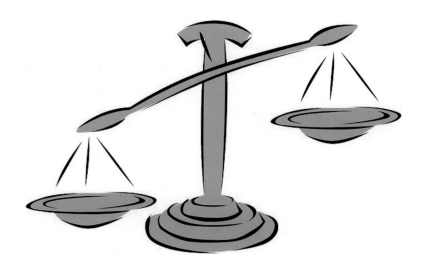

사용하는 수단이 균형(均衡)이라는 것인데 이 균형이 무엇이냐에 대해서도 사람들마다 생각이 다르다. 하지만 공통적으로 균형이라는 용어를 사용한다. 그러다보니 정의론(正義論)에서 항상 논쟁이 발생한다.

하지만 우리가 정의로운 사회를 규정할 때 균형 잡힌 조화로운 질서를 지니고 있는 사회라고 할 수 있을 것이다.

이러한 정의와 질서에 대한 생각에는 어느 쪽으로 편중되지 않는다는 원칙이 들어 있다. 이쪽 편도 들지 않고 저쪽 편도 들지 않는다. 그래서 정의롭다는 것에는 균형이 잡혀 있다는 의미도 포함된다. 그리고 이 말의 속에는 둘 이상으로 분화되어 있다는 뜻도 들어 있다. 균형이 이루어졌다는 말은 둘 이상의 관계 속에서 가능한 말이지 한 개를 놓아두고 균형 관계가 이루어졌다고는 하지 않으니까

말이다.

　결국 정의로운 사회 질서라는 것은 다양하게 분화되어 있는 사회에서 각 구성요소들이 조화롭게 잘 정리되어 있다는 말이 되겠다. 그러므로 질서가 형성된 사회일수록 구성원들 사이의 단결이 잘 되고 사회의 정체성이 뚜렷하게 드러난다.

　그런데 말로는 이렇게 정의로운 사회가 가능하지만 실제 사회에 있어서는 쉽지 않은 일이다. 욕망을 조정한다는 것도 어렵고 그것을 조화롭게 정리한다는 것 역시 힘 드는 일이다. 하지만 그런 사회가 되었을 때 보다 모든 사람들이 행복한 삶을 살아갈 수 있다고 생각하고 그런 사회를 만들어 나가려고 노력해야 한다. 이런 노력이 있다고 생각할 때 그 사회는 강한 결속력을 가지게 되며 어제보다 나은 내일을 향하여 나아간다.

정치라는 것은 바로 그러한 사회를 만들어가려고 노력하는 일련의 활동을 가르킨다. 그러니 세속적인 인간사회에서만 정치가 존재할 수 있는 것이다.

이것이 질서와 정의의 기본적 관계이며 동시에 그 내용이라 할 수 있는데 문제는 동양과 서양의 가치관이 이 정의 문제에서 약간 차이를 들어낸다는 것이다.

서양에서는 정의와 사회 질서 문제가 중세 기독교 사상을 만나면서 선(善)이라는 색깔을 띠게 되는데 정의가 선의 편을 들게 되자 사회 질서 역시 이를 기준으로 조정이 아닌 재편성으로 들어간다. 그래서 서양에서의 정의는 조화로운 정리 조정의 단계를 벗어나 선이라는 가치를 실현하는 새로운 질서의 수립으로 나아가고 이를 정치가들이 앞장서서 실천하게 되었다. 서양의 정치가들은 종교계의 동의하에서 그들의 권위와 권력이 인정되기 때문에 당연히 선의 편에서 질서를 새로 세우는 것을 그들의 사명으로 삼고 있으며 이것이 정치의 핵심적 가치로 자리 잡고 있다.

그러다보니 서양의 정치는 개화와 미개, 선진과 후진으로 구분하는 일원적 역사관 위에서 개화와 선진화라는 관점에서 새로운 질서를 요구하게 되고 이는 평화를 목표로 하는 정치의 본원적 특성과는 달리 새로운 투쟁을 불러오는 경우가 많다.

동양에서 정의(正義)와 사회 질서에 대한 생각은 오랜 세월동안 크게 변함없이 내려오는데 이는 인간 사회의 다양성(多樣性)이라는

관점에 초점이 맞추어져 있어 이들 사이에 조화로운 균형 관계를 수립하는 것이 정치의 목적이라는 것이다. 그래서 동양의 정의관은 어느 편에도 치우치지 않을 것을 요구한다. 선(善)의 편도 아니고 악(惡)의 편도 아니다. 정치에 아예 선과 악이라는 가치가 존재하지 않는다. 다만 인간의 욕망이라는 것이 조정 대상일 뿐이다.

이를 요약하면 서양의 정의는 욕망을 가진 인간 사회 밖에 있는 가치를 추구하는데 비하여, 동양에서는 욕망을 가진 인간 사회 내에서 가치를 추구한다는 것이 대비된다.

따라서 정치가 나아가고자 하는 바가 동양과 서양 사회에 있어서 다소 다를 수 있다는 것을 우리는 생각해야 한다.

권력의 정당성과 법

권력이 어떻게 발생하게 되었는가를 살펴보면 그것은 곧 힘의 역사를 말해준다. 이는 권력이 어떤 가치나 정당성을 가지지 않는다는 것을 뜻한다. 권력은 가지면 그만이지 그 권력이 옳은 권력인지 아닌지는 생각할 필요가 없다는 말이다. 단지 권력이 나쁜 권력으로 평가되는 경우는 또 다른 권력에 의하여 밀려났거나 밀어 내려고 할 때 뿐이다.

이러한 생각은 오늘날 법치국가에서도 여전히 인정되는 논리이다. 즉 법치국가에서도 정치적 판단에 의한 권력의 행사일 경우에는 법으로 이의 잘못을 심판하지 않는다는 것이다.

▲ 국방위원회 전체 회의 모습

그런데 권력의 정당성이라는 말은 왜 어떻게 생겨났을까?

그것은 힘의 시대에 권력에 복종하지 않는 무리들을 복종시키기 위한 방법으로 정당성이 이용되었을 가능성이 많다. 말하자면 신으로부터 계시를 받았다느니 호랑이로부터 힘을 전수받았다느니 하는 등 인간을 초월하는 그 어떤 것으로부터 자기의 힘이 생겨났다고 함으로써 다른 무리들에게 우월함과 당연성을 내보이는 것이 바로 권력의 정당성이라는 것이다.

그래서 예전에는 이러한 권력의 정당성을 종교나 초월적 존재에 의지하였다. 그리하여 자신의 권력에 무조건 복종해야 하며 반발해서는 안 된다는 것을 주장한 것이다. 자신의 권력행사에 불복종하거나 반발하면 그것은 자기에게 도전하는 것이 아니라 신이나 초월적 존재에게 도전하는 것이라서 곧 죽음을 면하지 못하게 된다는 것을 알리는 역할을 한다.

힘의 시대에는 이런 방식으로 권력의 정당성을 확보하였지만 르네상스와 계몽주의를 거쳐 근대에 이르면서 전통적인 힘의 원천이 흔들리기 시작하자 권력의 정당성에 관한 옛날의 이야기가 설득력을 상실하게 되었다. 이에 권력의 정당성에 대한 다양한 이야기들이 나오게 되었는데 그 중 하나가 계약설이다. 그러나 계약설은 권력의 이동으로 말미암아 전통적 가치가 상실된 데에 대한 변명일 뿐 계약에 의해 만들어진 권력은 인류 역사상 존재하지 않는다고 하겠다.

왕조시대가 끝나고 민주주의가 보편적 가치로 통용되는 오늘날에도 권력의 속성은 예나 지금이나 변함없이 똑같다. 그러면 시대가 바뀌었는데 왜 똑같을까를 한번 생각해보지 않을 수 없다. 이것이 바로 현대 민주주의 사회에서의 권력의 정당성 문제이다.

예전에는 권력의 정당성이 힘이나 계시나 가문에 있었다. 그때마다 정당성을 설명하는 이야기가 달라진다. 이 이야기가 변해오는 과정을 보면 바로 법의 발전사가 보인다.

권력자의 집행 수단이었던 법이 권력의 정당성을 보호하는 데에서 출발하지만 세월이 흘러갈수록 법은 권력을 정당성이라는 가치적 영역에 묶어두는 역할로 변하게 된다. 즉 권력자가 아무리 마음대로 하고 싶어도 법이 인정하는 정당성을 벗어나는 것은 행할 수 없게 한 것이다. 결국 권력은 법에 의하여 보호도 받지만 구속도 받게 된 것이다. 바로 권력의 정당성을 법이 보장하는 것이다.

이를 법치주의라 하는데 이 법치주의도 말은 같지만 그 내용에 있어서는 많은 변천의 과정을 거친다.

첫 번째 법치주의는 권력자가 권력을 행사할 때 법이라는 형식을 빌어 하는 것인데 모든 사람들은 이 법을 따라야 했다. 권력자는 자기의 생각대로 법을 만들고 이를 강요하는 방식이다.

두 번째 법치주의는 권력자가 역시 법이라는 형식을 빌어 권력을 행사하는데, 이 법이 이전에는 국민만을 구속했는데 이제는 권력자도 동시에 구속한다는 것이 이전과 다르다. 그러나 이 단계에 있어서 권력자에 대한 구속은 소극적 구속이라고 하겠다. 말하자면 이러이러한 것은 할 수 없다, 이러이러한 것은 이 수준 이상으

로 행할 수 없다 등과 같은 양식으로 권력을 구속하는 것이다.

세 번째의 법치주의 역시 권력자가 법이라는 형식을 빌어 권력을 행사하는 것은 똑같다. 그러나 이 법은 국민의 공동이익을 실천하기 위한 수단으로서 그 역할이 바뀐다. 즉 권력자의 욕망이나 이익을 위하여 법으로 집행하는 양식에서 국민의 공동이익을 위하여 법을 집행하는 양식으로 법치주의 성질이 바뀐 것이다. 이러한 상태에서 권력의 정당성의 근원은 국민이며 그것이 법이라는 형식으로 그 누구에게 권력이 주어지게 되는 것이다.

이 경우에 있어서 법은 권력의 정당성이 부여되는 과정이다. 바로 선거법이라 할 수 있다. 따라서 선거법상의 오류나 부정이 있다면 그 결과 주어진 권력의 정당성은 부정될 수밖에 없는 것이다.

그것은 권력의 정당성이 국민에게서 법의 형식을 통하여 권력자에게 주어지는 과정을 왜곡했기 때문에 당연히 그 정당성은 부정될 수밖에 없다.

네 번째의 법치주의 역시 법의 형식으로 권력이 집행되는 것은 변함이 없다. 다만 그 법이 이제는 국민의 공동이익을 위한 것도 아니고 권력자의 개인적 혹은 집단적 이익을 위한 것도 아닌 별도의 가치를 추구하는 법의 정신 그 자체가 권력의 정당성의 근원이 되는 단계라 하겠다. 이 때의 법은 권력자를 구속하며 동시에 국민들도 구속한다. 어떤 사람들은 이를 참된 법치주의라고 하는데 법이 최상위 가치를 가지는 형태를 말한다. 이 경우에 있어서 법은 신성이나 인간성이라는 추상적이고 독립적인 가치를 구현하는 수단이 된다.

위의 4가지 법치주의에서 우리가 일반적으로 민주주의 정치에서 말하는 법치주의는 세 번째의 경우를 말한다.

이 경우에서 선거는 권력의 정당성을 획득하기 위한 과정으로서 정치의 출발점이라 할 수 있다.

2 현대 사회와 법치주의

　　오늘날 우리는 법치주의를 하면 곧 민주주의 나라라고 생각하
는데 사실 법치를 한다고 모두 민주주의 국가는 아니다. 법치라는
말은 오히려 민주주의와 상관없는 절대군주 시대에 나온 이야기라
하겠다. 강력한 왕권을 법이라는 이름으로 집행하는 것이다. 그래
서 법치는 옛날 동양 사회에서는 좋지 않은 정치 방법으로 여겨졌
다. 진시황은 법치로 진나라라는 강대국을 만들었다. 그러나 진시
황은 민주주의와 한참 거리가 먼 권력자였다.

　　따라서 법치라 하여 무조건 민주적이라 생각하면 안 된다.

　　현대 사회에 있어서 법치라 하는 것은 그 형식에 있는 것이 아

니고 법의 내용에 특성이 있음을 알아야 한다. 인류의 역사를 보면 어느 사회라도 그것이 사회를 형성하고 있을 때에는 항상 어떤 형태의 법이던지 법을 빌어 권력을 행사한다. 곧 법치주의인 것이다. 신법이던 자연법이던, 성문법이던 불문법이던, 관습법이던 실정법이던 항상 형식은 다르지만 법이 존재했기 때문이다.

법으로 다스리는 정치

오늘날 중국은 법치를 주장하며 민주주의를 표방하고 있다. 그런데 중국에서 말하는 법치는 의법치국(依法治國)의 준말이다. 즉 법에 의하여 나라를 다스린다는 뜻이다. 그런데 이것이 민주주의와 무슨 상관이 있느냐는 것이다.

역사상 모든 국가는 법으로 나라를 다스렸다. 왕조 국가에서도 마찬가지이다. 오히려 왕조시대에 법치주의는 전성기를 맞이했다고 할 수 있다. 그러니 법치가 민주주의의 상징은 아니다.

그럼에도 불구하고 법치와 민주주의를 연결하는 것을 보면 법치라는 것을 형식적인 측면에서 보고 말하는 것이 아니라는 것을 알 수 있다.

앞에서 보았듯이 다 같은 법치주의라도 어떤 것은 군주시대의 표상이 되고 어떤 것은 입헌주의 시대의 상징이고 어떤 것은 민주주의의 대명사로 역할 한다. 왜 그럴까?

　그것은 곧 법의 성질이나 내용의 차이에서 온다는 것을 알았다.

　태초부터 인류가 사회라는 것을 형성하기 전인 무리집단 시대에 있어서는 법이라는 것이 없었다. 법은 사회적 개념이기 때문에 인간 사회가 만들어지고 난 후의 용어인 것이다. 원시 무리집단에서는 법 대신에 힘이 사용되었다고 하겠다. 그것은 그냥 물리력인 힘이었다.

　그러나 여기에서 한걸음 진보하면 원시사회가 되는데 이때부터 동물집단과 구별이 된다. 즉 그 집단 속에는 비록 초보적이지만 구성원들의 역할 관계가 존재하는 것이다.

　이러한 원시사회에서 권력자의 힘은 여전히 물리력으로 행사되는 경우가 많다. 그러나 그 힘의 행사 밑바닥에는 사회적으로 인

정되는 정당성이 자리하고 있다. 이로써 힘이 법으로 변신하는 것이다. 하지만 실제적으로 행사되는 것은 힘이었다. 즉 법의 이름으로 행사되는 힘이지만 그냥 힘일 뿐이었다.

그러면 원시무리집단의 물리적 힘과 원시사회의 법으로서의 힘이 서로 다른 큰 차이점은 힘은 즉시적이고 현행적인 행위에 대하여 집행되는 반면에 법은 잠재적이며 미래적인 행위에 대하여 물리적 힘으로 위협함으로써 심리적인 집행을 병행한다는 것이다. 이는 나중에 행위의 규범으로 발달하게 된다.

이처럼 초기에는 힘 그 자체가 법의 내용이었다. 이후 힘은 자연의 질서나 신의 계시와 연결되면서 힘을 집행하는 측면보다는 규범적 측면이 강조되었다. 이는 일어나지 않은 행위에 영향력을 행사하여 권력자가 원하는 대로 구성원들의 행위를 유도해내는 역할을 하는 것을 말한다. 법이 되면서 힘은 예방과 치료라는 두 가지 일을 하게 된다.

그래서 법은 태생적으로 사회규범적 측면과 사회교정적 측면을 동시에 가지고 있다고 하겠다. 이것은 현대 사회에서도 그대로 유지되고 있는 사실이다.

이러한 법의 내용은 산업혁명을 거치면서 성질이 변하기 시작한다. 이제까지 군주나 성직자들의 이익을 위하던 법이 국민들에게로 돌아서기 시작한 것이다.

신(神)이 과학(science)에 의하여 추방된 것처럼, 군주는 기계에 의하여 그 자리에서 쫓겨난 것이다.

이후 법은 일반 국민들의 정치적 의지를 보호하고 실현하는 수단으로 전환되면서 비로소 법치주의라는 용어를 민주주의의 상징으로 만들게 된 것이다.

법의 정신을 실현하는 정치

산업혁명은 인류의 산업기술 발전사에 있어서 중요한 위치를 차지하고 있지만 인간과 사회에 대한 접근에 있어서도 획기적인 인식의 전환점을 이룬다. 그 이유는 산업혁명으로 인하여 이제까지 유럽 사회에서 나타나던 사회적 현상이나 문제와는 전혀 다른 문

제들이 나타나면서 인류 사회는 현대로 나아가게 된다. 그것은 어찌 보면 세속화의 시작이었다.

그래서 인류의 역사에 있어서 산업혁명은 여러 가지 변혁을 이루는 계기가 된다. 특히 기술 분야는 말할 것도 없고 종교와 인생의 가치에 관한 생각이라던지 생산과 경제 성장이 가져다주는 효과에 대한 처리 문제를 비롯하여 참된 의미에 있어서 르네상스를 가져온다.

산업혁명의 후과는 크게 긍정적인 부분과 부정적인 부분으로 대별되지만 결국 인간의 이성적 사유력을 통하여 변증법적인 발전을 이루게 되면서 바로 오늘날 현대인의 삶에 있어서 중심적 가치가 만들어지게 되는 것이다.

먼저 긍정적인 부분은 과학기술의 혁명적 발전을 이룩하는 베이스캠프가 되었다는 것이다. 이는 현대인의 생활을 윤택하게 해 주었을 뿐 아니라 정신활동의 영역을 확장해 주어 종교로부터 인간의 사유작용이 자유로워지는 환경을 만든다.

과학이라는 것은 제한된 조건 하에서 경험적으로 어떤 현상이나 대상을 증명해 나가는 과정이라고 할 수 있는데 과학을 과학답게 제대로 역할 하도록 만들어준 것이 바로 산업혁명이다. 그 이전의 과학은 철학적 사유방식을 빌린 철학의 일종에 지나지 않았다고 볼 수 있다. 어떻게 보면 철학적 사유방식의 객관화 내지는 경험화가 곧 과학이라고 할 수 있다.

이러한 과학의 발전 덕분에 사람들은 삶의 질을 높일 수 있었으며 인간으로서의 정체성에 대하여 돌아보게 된다.

더 이상 생존을 위하여 노동에 매달리지 않고 자신의 의지를 곧 자신의 꿈을 실현하고자 노력하게 된다. 말하자면 인간답게 살고 싶다는 것이다. 그런데 이 '인간답게'라는 것이 정해진 내용이 없다는 것이 문제이다.

무엇이 인간다운 것일까?

굶주리지 않고 사는 것일까? 아니면 멋있는 옷을 입고 사는 것일까?

산업혁명 이전의 인간답게라는 말은 통일된 가치를 가지고 있었다. 적어도 종교적 윤리관이 삶의 중심에 있어서 사회는 비교적 안정적이었고 개인적 삶의 방향도 혼란스럽지 않았다. 그러나 산업

혁명을 거치면서 이러한 가치관은 붕괴되고 대신 웰빙이라는 말이 등장한다.

이러한 가치관의 변화로 인하여 삶의 추구방식이 바뀌면서 사회의 어두운 면이 눈에 들어오기 시작한다. 즉 이제까지 잊혀졌던 것인지 아니면 운명론적으로 어쩔 수 없었던 것인지는 모르지만 산업혁명의 어두운 부분이 사회문제로 인식된 것이다. 바로 산업혁명의 부정적인 면인데 기계와 자본에 의한 인간의 존엄성 침해 문제가 화두로 떠오른 것이다. 인간답게 사는 것이 일부 사람들의 영역에서 모든 시민들의 영역으로 확대된 것이다.

모든 사람은 인간답게 살 권리를 갖는다. 이것이 현대 사회가 보편적으로 주창하는 사회논리이다.

여기에 바로 현대 사회의 법치 이론과 인간의 권리가 합쳐진다. 현대 사회의 민주적 법치주의 내용이 만들어진 것이다.

현대 사회의 민주적인 법은 왕의 욕망을 대변하는 것이 아니라 일반 시민의 인간다운 삶을 꾸려 나갈 수 있도록 환경을 조성하는데 그 목적이 있다. 바로 자기의지의 실천을 보장하는 내용을 담고 있다. 따라서 법치라는 것은 바로 이러한 법에 의하여 국가나 사회를 관리하는 것을 말하지 더 이상 지배 수단으로서 법에 의한 통치라는 의미는 없다.

현대 사회에서 법치라는 것은 이러한 법의 정신을 성문법 형식으로 실현하는 것을 말한다. 그것이 바로 민주정치이며 정치의 궁극적 목적이기도 하다.

정치가는 이러한 내용을 알고 있을 때 바른 정치가가 될 수 있다고 본다. 사회학적으로 정치인은 정치권력을 장악하려고 행위를 하는 사람들이라고 하지만 정치학적으로 볼 때 정치인은 사회 구성원 모두의 인간적인 삶을 실현할 수 있도록, 말하자면 인간의 또 다른 하나의 본능이라 할 수 있는 자아실현의 욕구를 실천할 수 있는 환경을 조성하려고 노력하는 사람들이라 하겠다.

법의 정신이 인간 사회 밖에 있다가 이제 인간 사회 안으로 들어온 것이다. 예전에는 인간의 욕망을 터부시하여 인간 밖에 있는 가치를 가지고 인간 사회를 정화한다는 차원에서 이야기가 되었다면 이제는 인간의 욕망을 인정하면서 사회적 정의를 실천하는 방향으로 이야기가 바뀌었다는 것이다. 즉 진리를 향한 삶에서 인간

인 나 자신의 행복을 위한 삶으로 추구하는 방향으로 달라진 것이다. 그것을 담고 있는 것이 오늘날 법의 정신이고 그것을 실천하는 것이 정치이다.

현대 사회의 복지국가가 이렇게 하여 탄생하게 되며 천국이 아닌 살아있을 동안 지상에서 천국을 건설하려는 노력이 정치가들에 의해 이루어지고 있다. 어떻게 보면 옛날의 철인정치가 현대에는 전문가 정치로 바뀌었다고 할 수 있겠다.

철인은 세상 밖의 절대적 가치를 기준으로 하지만 전문가는 당장 부닥친 현실적 문제를 해결하고 자신의 의지를 실천하는 것을 기준으로 생각하며 행동한다는 점에서 다르다.

정치와 선거

3

선거는 정치를 하기 위한 준비 작업

먼저 우리가 명확히 알아야 하는 것이 있는데 그것은 생각을 시작할 때 사용하는 도구들의 개념이다. 명확하지 않은 상태에서 시작하면 혼동과 오류를 자아내고 이는 인간의 욕망과 어우러져 사회 전체에 피해를 주기 때문이다.

먼저 선거는 정치가 아니라는 것을 알아야 한다. 사람들은 선거가 정치의 전부라고 생각하여 '어떻게 하면 선거에서 이길까'에만 전념한다. 선거에서 이기면 정치에 성공했다고 여기는데 정말 안타까운 일이다.

선거는 정치가 아니고 정치를 하는데 필요한 권력을 획득하는 현대적 방법일 뿐이다. 선거는 권력의 정통성을 부여하여 권력을 행사하는 자에게 정당성이라는 무기를 쥐어 준다.

그래서 선거는 정치를 하기 위한 준비 작업이라고 할 수 있다.

정치권력의 정통성 부여 방법

권력의 정통성은 그 권력이 정당한지 안 한지, 즉 그 권력을 그 사람이 사용할 수 있는 것인지, 그리고 국민이 그 권력에 복종해야 하는지를 판단하는 기준을 말한다.

예전에는 그 정통성이 왕이라는 자리에 있었다. 그런데 왕이라는 자리에 올라가려면 왕가의 혈통을 가지고 있어야 했다. 만일 왕의 가문에 속하지 않은 자가 왕의 자리에 올라가면 혁명이니 반란이니 하였다. 이 말은 곧 권력의 정통성에 위배되었다는 것을 나타내는 말들이다.

이러한 논리는 현대 사회에서도 그대로 적용된다. 즉 권력의 정통성을 부여 받지 못한 자가 권력의 자리에 오르면 반란이라고 하여 또 다른 자가 권력으로 대항한다. 이때 대항하는 자의 권력은 정통성은 없지만 반란을 진압한다는 측면에서, 즉 권력 정통성을 옹호한다는 측면에서 권력의 정당성은 지니게 된다. 그러나 진압이 성공하여 권력 행사의 구실이나 대상이 사라진다면 이 권력 역시

사라진다. 왜냐하면 그 권력 역시 정통성이 없기 때문이다.

권력의 정통성은 권력 행사의 정당성을 상시적으로 보증해 주는 제도적 장치라고 할 수 있으며 정치의 출발점이 된다.

이처럼 권력의 정통성은 권력 행사에 있어서 절대적으로 중요하다고 하겠다. 예전에는 이 정통성이 혈통에 의한 왕위 계승으로 부여되었다. 그러나 민주국가가 보편적으로 수립된 현대 사회에서는 더 이상 왕위 계승에 의한 정통성 부여 방식이 존립할 수 없게 되었고 이 방식은 선거라는 절차로 바뀌었다.

따라서 선거는 민주주의 국가에서만 있는 것이고 군주국에서는 있을 수가 없다. 그런데 영국과 일본에는 아직도 왕들이 있다. 그럼에도 불구하고 선거가 이루어지고 있으니 방금 한 말과 다르다고 생각할 수 있다. 하지만 선거라는 것이 권력의 정통성을 부여하는 방식이라고 말한 것처럼 오로지 선거에 의해 당선된 자 만이 권력을 갖게 되기에 선거를 통하지 않는 왕들은 당연히 권력의 정통성을 부여 받지 못하게 되는 것이다. 그래서 그것을 형식적 군주국이라 한다. 말하자면 실질적으로 볼 때 그런 왕들은 권력을 가지지 못하기 때문이다.

오늘날 독재를 하는 국가들에 있어서도 권력자들이 굳이 선거를 하려는 이유는 무엇일까?

선거를 조작하고 선거권자를 회유하는 등 불법적이고 부당한 방법을 총동원하여서도 굳이 선거를 치르는 이유는 바로 그들이 행사하는 권력의 정통성을 부여받기 위한 것이다.

　대통령이나 국회의원, 또는 지방자치단체장이나 지방의원이 되어 권력을 행사하여 정치를 하려는 자들이 평화적인 권력의 정통성을 부여 받는 방법이 선거이다. 그런데 쿠데타나 혁명에 의해 권력을 장악한 자나 무리들도 그들의 권력을 계속 유지하기 위해서는 국민투표라는 방식을 사용한다. 왜 그럴까? 자칫 잘못되면 쿠데타 세력에게 치명적인 결과를 가져올 수도 있는데 왜 국민투표를 실시할까?

　그것은 권력의 정통성을 부여할 수 있는 또 다른 권리가 국민에게 있기 때문이다. 민주주의 국가라는 것은 바로 이처럼 권력 정통성의 근원을 국민이 가지고 있는 국가를 말한다.

　그러면 국민이 갖는 이 권리는 무엇일까?

바로 주권(主權)이라는 것이다. 주인의 권리를 뜻하는 이 주권의 주인은 사회속의 일반적인 단체나 집단 혹은 가정의 주인을 의미하는 것이 아니다. 이 주인은 바로 세상의 주인을 뜻하는데 그것은 세상을 창조한 하나님을 뜻한다. 즉 세상의 주인 된 자의 권리를 말하는 주권은 그 어느 누구도 거부하거나 이의를 제기할 수 없는 신의 권리를 말한다.

이러한 주권은 원래 신이 가지고 있었는데 이것이 왕에게로 넘어가고 왕에게서 다시 국민에게로 넘어가 오늘날에는 국민이 세상의 주인인 주권자인 것이다.

권력의 정통성은 이 주권에서 나오는 것이며 선거는 바로 이 권력의 정통성을 주고받는 과정을 의미한다.

따라서 주권이 국민에게 있는 민주주의 국가에 있어서 선거를 통하지 않고는 어떤 형식이라도 권력의 정통성을 부여하거나 획득할 수가 없다.

그래서 선거의 대표성이나 권력 위임의 합리성과 타당성과 같은 문제를 사회학적 관점에서 파악하려는 것은 보완적이고 부수적인 의미는 있을지 몰라도 선거와 정치권력이 갖는 본원적 관계를 정치학적 시각에서 볼 때는 사회학적 관점 자체가 이 부분에 있어서는 부적합할 수도 있다고 생각한다.

결론적으로 말하자면 선거는 현대 국가사회에 있어서 정치의 시동을 거는 행위이며 바른 선거가 바른 권력을 낳고 바른 권력이 정의로운 사회를 건설하는데 주도적인 역할을 하게 된다. 이 과정

에서 정치인의 존재 의미가 있는 것이다.

　선거만을 생각해서는 정치인이라고 할 수 없는 이유이다. 선거
는 정치의 시작일 뿐이기에 선거에 패배하였다고 정치인이 아닌 것
은 아니며, 패배하였다고 집으로 들어가 앉는 자가 있다면 그런 자는
정치인이 아닌 권력 투기꾼이라 하는 표현이 맞을 것이다.

　정치인은 그래서 선거의 승패와 관계없이 정치 활동을 해야지
만 정치인이라고 할 수 있는 것이다. 권력을 부여 받았으면 부여 받
은 대로, 선거에 패했으면 패한 대로 권력의 행사가 바른 정치의 길
로 가고 있는 지를 감시하고 권력 행사의 독재로 인한 폐해를 줄이
도록 노력해야 한다.

　그런 사람이 진정한 정치인이라고 하겠다.

선거와 이익관계

선거 = 공동이익을 대변
다수의 이익이 공동이익으로 유추

∴ 선거 = 다수의 이익을 대변
일반이익과 공공이익은 선거가 아닌 정치행위에서 구현됨

정치권력의 정통성을 부여 받기 위해서 어떻게 선거에 임하면
될까?

무엇보다도 주권을 가진 국민을 이해하는 데에서 시작해야 할
것 같다.

국민은 앞에서 말한 것처럼 욕망을 가진 보통 사람을 전제로
한다. 성인군자들이나 수도사들과 같은 사람을 전제로 하지 않고,
욕심도 있고 개성이 서로 다르며 남보다 더 많은 것을 갖고 더 잘
나고 싶어 하며 다른 사람 위에서 군림하고자 하는 본능을 가진 일
반적인 세속의 사람들을 전제로 한다.

그래서 국민은 자신들의 이익을 위하여 일하고 자신들의 이익
을 위하여 힘을 모으고 그 힘을 바탕으로 정치인에게 권력을 주어
자신들의 이익을 추구하려 한다. 이처럼 자신들의 이익을 위하여
일할 사람을 뽑는 것을 선거라고 한다. 그래서 선거는 국민들의 입
장에서 보면 바로 자신들을 위하여 이익을 챙겨줄 사람을 뽑는 일

이라고 보면 된다.

   그런데 국민들이 가지고 있는 이익은 보통 3가지가 있다고 한다.

   일반이익, 공공이익 그리고 공동이익이다. 이들에 대해 간단히
설명하자면 일반이익이란 국민이라는 지위가 당연히 누려야 하는
본질적 이익이다. 인권 보장이라는 것이 이런 범주에 속한다. 그 다
음은 공공이익인데 이는 국민 각자의 개별적인 이익이 아닌 국가
차원에서 국민 전체의 이익을 말하는 것인데 사회 질서의 안녕과
같은 것이 공공이익에 속한다. 우리가 흔히 말하는 가운데 공공의
이익을 위하여 개인의 이익이 희생당할 수도 있다고 하는데 이는
틀린 말이다. 공공의 이익, 혹은 공공이익 때문에 개인의 이익이 침
해당하는 법은 없다. 말 그대로 공공이익은 국민 모두에게 이익 되

는 것을 공공이익이라고 한다. 만일 개인의 이익이 희생당하는 경우가 있다면 그것은 공공이익이 아니고 공동이익을 잘못 말한 것이다.

공동이익은 말 그대로 개개 국민들의 공통된 이익으로 개인의 사적인 이익에 관계된다. 그런데 공동이익이라는 것은 개별성 속에서 공통성을 찾아내는 것이라서 말처럼 쉽게 찾아낼 수 없다. 즉 무엇이 공동이익인지를 말하기가 쉽지 않다는 것이다. 그런데 가만히 생각해보면 각자 개성과 능력이 다른 사람들 사이에 공통된 이익이 과연 존재할 수 있을까 하는 의구심마저 든다. 실제로 어떤 사람들은 없다고 한다. 말로는 가능하지만 현실적으로 존재할 수 없다는 것이다. 설사 있다 하더라도 현실에 적용할 수 없는 것이라고 본다.

그러면 선거는 국민들의 이익을 위하여 일할 정치인을 뽑는 일이라 했는데 과연 앞의 3가지 이익 중에서 어느 이익을 챙겨줄까?

일반이익과 공공이익은 사람과 국가라는 기본 틀에서 행하여지는 것이라서 누가 선거에서 이기더라도 챙겨줄 수 밖에 없는 것들이다. 그러나 공동의 이익은 다르다. 이는 국민 개개인의 사적인 이해관계에 관한 것이라서 어느 사람이 당선되느냐에 따라 많이 달라질 수 있다. 그런데 완전한 공동이익이라는 것은 없을 수도 있다하니 '과연 공동이익이라는 것은 무엇을 말하는 것일까'하고 고민하게 된다.

일반적으로 사회 현장에서 공동이익은 이론처럼 구성원 모두의 공동 사항이 아니고 다수의 공동 사항으로 변한다. 서로의 이해가 대립되다보니 공통성을 찾기 어렵게 되고 결국 다수가 원하는 이익을 대변하는 쪽으로 가닥이 잡힌다. 그러면 다수에 속하지 않은 자들은 손해를 보게 될까? 이론적으로는 소수자들도 간접적으로 이익을 본다. 하지만 현실에 있어서는 손해를 얼마든지 볼 수 있다.

선거가 대변하는 것은 바로 이 공동의 이익, 말하자면 다수의 이익인 것이다.

그런데 다수의 이익이라는 것을 좀 더 세밀하게 관찰해보면 '과연 그것이 다수의 이익일까'하는 생각이 든다. 왜냐하면 국민 각자가 자신들의 이익 사항을 먼저 제시하고 그 속에서 공통적인 것을 찾는 것이 아니고 선거 후보자들이 내세운 이익들이 자신들과 맞는 지를 검토하는 수준에서 선택이 이루어지기 때문이다. 자신들의 이익과 같은 것이 아니고 비슷한 것을 선택하는 것이 현실이기 때문이다. '인 것'과 '비슷한 것'은 다르다. 이는 자신들의 이익을 주장하여 받아들여지도록 하는 것이 아니고 만들어진 이익 중에서 선택을 강요당하는 것이기에 더욱 그러하다. 삼겹살을 먹고 싶은데 비빔밥과 국수를 내놓고 선택하라고 한다. 그리고는 선택했으니 너의 이익과 합치한다고 추정한다. 그래서 비빔밥을 선택했다면 나는 비빔밥을 먹고 싶은 사람으로 나의 소망과 상관없이 변한다. 이것이 선거와 민주주의의 충돌점이고 사회학적 시각에서 바라보는 문제점이다.

또 다수라는 존재가 사회학적으로 문제가 되는 것이 항상 소수의 엘리트에 비하여 판단에 관한 정보력이 떨어진다는 것이다. 엘리트 중에서도 우리 편이 있고 저쪽 편이 있을 수 있다. 그런데 그들은 보다 많은 정보력으로 비교적 확신을 가지고 선택을 하는데 비하여 다수는 그렇지 못하다는 것이다. 이점에서 옛날 철학자들이 다수의 정의로움에 대하여 걱정을 했다고 한다.

하지만 현대 민주사회에 있어서는 그 이상의 것을 요구할 수도 찾을 수도 없다고 본다. 왜냐하면 바로 욕망을 가진 인간을 전제로 하여 꾸려지는 사회이기 때문이다. 그래서 선거라는 것은 우리에게 주어진 나름대로의 정의로운 해결 방식임을 부인할 수 없다.

이는 우리가 영원히 북극성으로 걸어갈 수 없지만 우리의 길잡이로 북극성을 활용하는 것과 같은 이치가 아닐까하고 생각해 본다.

결국 선거를 통해서야 우리는 정치를 시작할 수 있고 정치를 통해서 비로소 정의롭고 평화로운 삶을 살아갈 수 있기에 선거는 출발점으로서 아주 중요한 의미를 가진다.

이에 국민들은 자신들의 이익을 제대로 추구하기 위하여 방법을 생각하는데 이것이 곧 선거 전략이다.

선거 전략은 선거에서 이기는 것이 목표이다. 이기기 위해서 첫 번째로 필요한 것은 바로 다수라는 힘을 모으는 것이고, 이의 가장 효율적인 방법이 무리를 만드는 것, 곧 정당을 만드는 것이다. 무소속 출마가 불리한 이유가 여기에 있다.

그런데 오늘날 정치사회학적 관점에서 관찰해 볼 때 재미있는 현상이 나타나고 있다. 즉 정치적 권력을 얻기 위해서 모은 정당들이 너무 정당인들 자신의 이익에만 집착하고 국민들의 이익에 무관심한 나머지 국민들이 여당이든 야당이든 모두 싫어 할 경우, 이에 대한 반사작용으로 무소속이라는 것이 하나의 정치그룹으로 작용한다는 것이다. 단체가 아닌데 단체의 역할을 한다는 것이다.

따라서 무소속 정치인이 선거에 당선된다면 그곳의 정당은 정당으로서의 기능과 역할을 이미 상실한 이익집단 밖에 안 된다는 것을 알 필요가 있다.

PART 2

정치와 정당

정당이 정치적 목적을 달성하기 위하여 하는 활동에는 크게 두 가지로 나누어 볼 수 있다. 하나는 정치적 주장이나 정책을 만들어 이를 추진하는 것이고 또 하나는 공직선거의 후보자를 배출하여 이러한 정책의 추진을 효율적으로 추진한다. 따라서 정당은 정치인의 개인적 야망을 위해 존재하는 것이 아니고 정치인이 정당의 이념이나 강령을 실현하기 위해서 있다고 봐야 한다. 정당은 정치적 이념에 부합하는 정책을 만들고 이 정책을 실현하기 위하여 정치인을 배출한다.

1 정당의 주요 정치 수단

> "정당"이라 함은 국민의 이익을 위하여 책임 있는 정치적 주장이나 정책을 추진하고 공직선거의 후보자를 추천 또는 지지함으로써 국민의 정치적 의사형성에 참여함을 목적으로 하는 국민의 자발적 조직을 말한다.
> -정당법 제2조-

정당의 발생 근원이나 정당에 대한 개념적 정의에도 불구하고 현실적으로 정당을 바라볼 때 우리는 선거를 통하여 정치권력을 획득하여 자신들의 정치적 의지를 실현하려는 집단이라 할 수 있다.

그래서 정당에 있어서 가장 중요한 것은 바로 선거에서의 승리이다. 그것도 오랜 기간 동안 준비하여 승리하려는 것이 아니고 당장 지금 자신들의 정치적 욕구를 채우기 위하여 승리를 위해 이합집산을 하는 집단인 것이다. 선거에서 패배한 정당은 아무리 좋은 이념과 정책을 가지고 있다 하더라도 그렇게 소용이 없다고 하겠다. 그래서 정당은 선거에 승리하는 것에 집착하지 않을 수 없다. 선거의 승패는 정당의 생사 문제와 직결되기 때문이다.

정당은 학문을 연구하는 곳이 아니며 도덕을 가르치는 곳도 아니다. 가난하고 불쌍한 사람들을 도와주는 봉사단체도 아니며 정신적 위안을 주는 기관도 아니다. 정당은 권력을 잡기 위하여 몸부림치는 사람들의 이해관계가 얽힌 넓은 의미의 이익집단이다. 왜 넓은 의미의 이익집단인가 하면 당장 현상적으로 그들의 활동을

▲ 국회 개회식 및 본회의 모습

볼 때는 일반 이익집단과 다를 바가 전혀 없다. 하지만 그들이 목표로 하는 정치 활동 자체가 일반이익과 공공이익을 내재하고 있기 때문에 순전히 자신들의 사적인 이익을 대변하는 이익집단과 다르다. 그래서 정당을 넓은 의미의 이익집단이라고 하는 것이다.

그런데 정당이 가지고 있는 가장 큰 특성은 선거를 통하여 정치권력을 획득한다는 것이다. 이는 국민주권의 이념을 바탕으로 만들어진 선거라는 과정을 거쳐 권력의 정통성을 계승함으로써 자신들의 정치적 의지를 실현하려는 집단임을 말한다. 즉 민주주의가 만들어낸 작품이라고 할 수 있다.

그러면 선거는 어떤 것이며 어떻게 치러지나 살펴보자.

선거

선거는 외형상으로 법률이 정한 제도적 절차에 따라 투표로 정치인을 뽑는 과정이라고 할 수 있다. 그러나 그 내면을 보면 특정 정치인에게 자신이 가지고 있는 권력을 넘겨주는 행위라고 할 수 있다. 가장 많은 권력을 넘겨받은 후보자가 그 권력을 행사하는 것이다.

그런데 민주정치가 제대로 발달하지 못한 곳에서는 국민들의 참여가 저조한 경우가 발생하는 수가 있다. 이를 경우에 설혹 투표 결과에 따라 당선이 되더라도 투표한 국민이 소수이기 때문에 국민들로부터 넘겨받은 권력이 얼마 되지 않는다고 볼 수 있다. 이 경우에도 선거에서 다수의 표를 얻었기 때문에 과연 그 후보가 선거로 당선되었다고 할 수 있을지, 즉 권력의 정통성을 부여 받았다고 할 수 있을지 의문시 되는 경우도 있다.

이처럼 선거라는 방식에 대하여 여러 가지 문제점들이 아직 남아 있지만 현재까지는 일반적으로 민주국가에서 활용되고 있는 상황이며 유일한 합법적 권력 획득 방법이다.

 국민과 선거인의 구분

우리나라 국적을 가지고 있는 모든 사람은 대한민국 국민이다. 그러나 국민이라고 하여 모든 국민이 선거인은 아니다.

선거인은 만 19세 이상이 된 국민 중에서 선거인 명부에 기록되어 투표를 할 수 있는 권리를 지닌 사람을 말한다.

1 선거권자란?

선거에 참여하여 투표 할 권리를 가진 사람을 선거권자라 하는데 다음과 같은 조건을 갖추어야 한다.

① **대통령 선거권자**
19세 이상의 국민.

② **국회의원 선거권자**
19세 이상의 국민으로서 선거인명부작성를 작성할 때 해당 국회의원지역선거구 안에 주민등록이 되어 있는 사람 또는 해외동포로서 해당 국회의원지역선거구 안에 3개월 이상 계속 국내거소신고가 되어 있는 사람.

③ **지방자치단체 의원이나 장 선거권자**
19세 이상으로서 선거인명부작성일에 해당 지방자치단체의 관할 구역에 주민등록이 되어 있는 사람 또는 해외동포로서 해당 지방자치단체의 관할 구역에 3개월 이상 동안 계속 국내거소신고가 되어 있는 사람.
영주의 체류자격 취득한 후 3년 이상 우리나라에 머물고 있는 외국인으로서 해당 지방자치단체의 외국인등록대장에 올라 있는 사람도 지방자치단체 의원이나 장의 선거권을 갖는다.

거소
생활의 주된 근거지인 주소를 벗어나 비교적 장기간 임시로 머무는 장소를
말함.

2 피선거권이란?

쉽게 말하여 선거에 후보자로 나올 수 있는 권리를 말하는데
선거의 종류에 따라 다음과 같은 사람들이 피선거권을 갖는다.

대통령 피선거권

선거일 현재 5년 이상 국내에 거주하고 있는 40세 이상의 국민.

국회의원 피선거권

25세 이상의 국민.

지방의회 의원 및 지방자치단체의 장

선거일 현재 계속하여 60일 이상 당해 지방자치단체의 관할 구역 안에 주민등록이 되어 있는 25세 이상의 국민.

---

3 선거권자의 권리

- 국가는 선거권자가 선거권을 행사할 수 있도록 필요한 조치를 취하여야 한다.
- 교통이 불편한 지역에 거주하는 선거권자 또는 노약자·장애인 등 거동이 불편한 선거권자에게 교통편의를 제공하거나, 투표를 마친 선거권자에게 국공립 유료시설의 이용 요금을 면제·할인하는 등의 필요한 대책을 수립·시행할 수 있다. 이 경우 공정한 실시방법 등을 정당·후보자와 미리 협의하여야 한다.

■ 공무원·학생 또는 다른 사람에게 고용된 자가 선거인명부를 열람하거나 투표하기 위하여 필요한 시간은 보장되어야 하며, 이를 결근이나 휴업으로 처리하면 안 된다.

다른 자에게 고용된 사람은 투표하기 위하여 필요한 시간을 고용주에게 청구할 수 있으며 고용주는 투표하기 위하여 필요한 시간을 보장하여 주어야 한다. 또한 고용주는 고용된 사람이 투표하기 위하여 필요한 시간을 청구할 수 있다는 사실을 선거일 전 7일부터 선거일 전 3일까지 인터넷 홈페이지, 사보, 사내게시판 등을 통하여 알려야 한다.

4 선거권이 없는 자

선거일 현재 다음 중 어느 하나에 해당하는 자는 선거권이 없다.

■ 금치산선고를 받은 자
■ 죄를 짓고 금고 이상의 형의 선고를 받고 그 집행 중인 자
■ 선거와 관련된 죄를 짓거나 선거로 선출된 사람이 업무 중에 일과 관련하여 죄를 지으면 특별히 가중 처벌을 받아 죄값을 치르고 난 후에도 5년 또는 10년 동안 선거에 참여하지 못한다(공직선거법 제18조 1항의 3 참조)

- 법원의 판결 또는 다른 법률에 의하여 선거권이 정지 또는
  상실된 자

5 피선거권이 없는 자

선거일 현재 다음 중 어느 하나에 해당하는 자는 선거에 후보
자로 나올 수 없다.

- 선거권이 없는 자
- 국회에서 국회의원들이 회의하는 것을 방해하려는 행위로
  인하여 처벌 받은 자는 죄의 종류에 따라 죄 값을 치르고
  난 후 죄 값에 따라 5년 또는 10년 동안 선거에 후보자로
  출마할 수 없다.

이상에서 볼 때 선거가 권력의 정통성을 부여하는 엄숙한 제
도적 절차인데 이를 부정하거나 이를 이용하여 죄를 짓는 자들에
게는 선거의 취지와 정신에 입각하여 시민의 기본적 권리인 선거
권과 피선거권을 제한하고 있음을 알 수 있다.

따라서 민주주의 사회에서 선거가 정치권력의 근간이며 원천
이라는 것을 이를 통하여 알 수 있으며 선거의 신성함을 인정하는
데에서 민주주의가 시작되는 것을 볼 수 있다.

정책 수립과 여론 조성

정당이 정치적 목적을 달성하기 위하여 하는 활동에는 크게 두 가지로 나누어 볼 수 있다. 그 중 하나는 정치적 주장이나 정책을 만들어 이를 추진하는 것이고 또 하나는 공직선거의 후보자를 배출하여 이러한 정책의 추진을 효율적으로 추진한다.

따라서 정당은 정치인의 개인적 야망을 위해 존재하는 것이 아니고 정치인이 정당의 이념이나 강령을 실현하기 위해서 있다고 봐야 한다. 이를 다시 정리하면 정당은 정치적 이념에 부합하는 정책을 만들고 이 정책을 실현하기 위하여 정치인을 배출한다. 그리고 이를 효과적으로 추진하기 위하여 이용하는 것이 여론 조성이라 하겠다. 위에서도 말했지만 정당은 학술기관이 아니고 정치적 견해를 실천하는 곳이기 때문에 이론적으로 따지고 설명하기보다는 자신들의 정강이나 주장이 상대 정당의 것보다 더 훌륭하다고 알림으로써 그 목적을 달성하려고 한다.

① 정책 수립

정당은 정치적 이념을 같이 하는 사람끼리 모여 자신들의 가치를 실현하려고 모인 정치적 집단이다. 그럼으로 정당 구성원의 공통된 이익에 따라 결과적으로 형성되는 것처럼 설명되지만 현실적으로는 몇몇 발기인들의 공통된 정치적 노선에 따라 정강이나 이념이 형성되면 여기에 다른 정치인들이 동조하여 참여하는 방식으로 만들어진다. 즉 내가 정치인이 된다면 나의 정치적 이상에 의하여 정당이 만들어지는 것이 아니고 이미 만들어져 있는 정당 중에서 내가 여러 가지 이유에서 의해 선택하게 되는 것이다.

그래서 내가 어떤 정당을 선택하기 전에 이미 정당에는 이념과 정강이 만들어져 있다. 그러나 이는 어디까지나 방향성에 대한 것이고 구체적인 실천 계획이 아니다. 즉 정책은 아니라는 것이다.

그러면 정책은 언제 어떻게 만들어질까?

먼저 정당은 이러한 정책을 연구하고 개발하기 위하여 정당 부설 정책연구소를 가지고 있는데 정치보조금을 받는 정당은 반드

▲ 정무위원회 전체 회의 모습

시 정책연구소를 설립하여 운영하여야 한다. 정당 소속의 정책연구소는 정당의 이념이나 강령에 부합하는 정책을 연구하고 개발하여 정당의 정치적 활동을 지원하고 정보를 제공한다.

그러나 이 정책연구소는 정당의 중앙당에 부설되어 있기 때문에 주로 중앙정부의 정책, 즉 국가 정책 위주로 활동하며 지방자치단체에 관계되는 정책은 잘 다루지 않는 편이다. 예외적으로 어떤 정책이 사회문제화 되어 정치적 이슈로 등장할 가치가 있을 경우에는 지방자치단체와 관련된 정책이라도 조사 연구한다.

따라서 정당의 이러한 정책연구소는 대통령 선거 시에 그 빛을 발휘한다. 즉 대통령 선거 공약을 개발하며 상대 후보 공약의 허점을 찾아내 공격할 수 있는 자료를 제공한다.

정책 수립의 분야도 적극적으로 새로운 정책을 연구 개발하는가 하면 상대 정당 정책의 문제점을 비판함으로써 타당치 못한 정책의 집행을 방지하는 차원의 활동도 포함한다. 그래서 국회에서도 상임위원회를 두어 입법안에 대해 서로 다른 정당 소속 국회의원들이 토론하게 하여 잘못된 법안이 법으로 만들어져 집행되지 않도록 하고 있다. 그러나 비정상적인 방법이나 소속 국회의원의 숫적 불리함 때문에 잘못된 법안의 통과를 저지하지 못했다면 본회의에서 이를 다시 부결할 수 있는 기회를 부여하고 있다.

한편 지방자치단체와 관련된 정책은 평소에는 지방자치단체장의 정치적 의지에 따라 만들어지는데 이때에는 소속 정당의 정강과 정치적 이념이라는 큰 틀에서 각각의 자치단체장들이 스스로

만들며 정당의 영향력은 크게 미치지 않는다. 특히 기초자치단체에 이르면 아예 단체장의 의사에 따라 정책이 만들어지지 정당의 노선에는 별다른 영향을 받지 않는다.

　이러한 현실도 기초자치단체장을 정당에서 공천하지 말자는 주장에 힘을 보탠다.

　그리고 지방자치단체장의 선거 시에 공약을 통하여 주요 정책들이 만들어지는데 이 경우에도 대다수의 경우는 후보자를 중심으로 하는 선거기획팀에서 자체적으로 개발한다.

　이러한 현실은 민주정치라는 논리에서 보면 타당하지 못한 현상이라 할 수 있지만 정치 의식 수준이 그렇게 발달하지 못한 사회적 환경 때문에 어쩔 수 없다고 할 수 있다.

정당은 자신의 정치적 이념이나 정강을 실천하기 위하여 대통령, 국회의원, 지방자치단체장 및 의원, 교육감 후보를 추천한다. 이를 공천이라고 하는데 어느 한 정당에 소속되지 않은 사람은 무소속으로도 후보가 될 수 있다.

앞에서 이야기한 것처럼 기초 지방자치단체의 정책과 정당의 이념이나 강령과는 크게 연관성이 없기 때문에 기초 지방자치단체에 관련된 후보에 대해서는 정당의 공천을 폐지하자는 여론이 많았다. 하지만 아직까지 이를 없애지 않고 있다.

이는 정치인들이 모여 정당을 만드는 것이 아니고 정당이 정치인을 만드는 현실을 고려할 때 후보자 공천 폐지라는 것은 당분간 우리 정치 사회에서는 어려울 것 같다. 사실 정당에서는 지방자치단체의 정책에 그다지 큰 관심을 가지지 않는다. 그것은 자치단체장이 지역의 사정에 맞게 정책을 만들어 집행하면 된다고 생각하기 때문이다. 그래서 대통령 선거를 제외하면 대다수의 선거에서 정당 조직이 그렇게 활발하게 움직이지 않는다. 정당 조직보다는 후보자의 개인 사조직이 더 적극적으로 활동한다.

정당들이 지방자치단체에서 원하는 것은 그 지자체가 어느 정당의 영향력 아래 있느냐는 것이다. 즉 시장이나 군수, 또는 도지사가 어느 정당 소속인가 하는 데에 관심을 가진다. 이는 정당의 여론 형성에 아주 많은 영향력을 행사할 수 있기 때문에 정당의 이익과

직결되기 때문이다.

정당의 최대 관심은 국가이다. 대통령이고 국회의원이다. 특히 대통령을 배출하는데 가장 큰 관심이 있다. 이를 두고 대권을 잡는다고 한다. 정당은 대권을 잡기 위하여 여론을 형성해야 하고 그 부분에서 지자체가 중요한 역할을 한다. 그런데 지자체의 정책이 정당을 밀어주는 것이 아니고 지자체의 장이 어디에 소속되어 있는가 하는 점이 정당에 도움을 준다.

국회의원 후보 공천도 정당이 관심을 갖는 부분인데 대통령만큼은 아니다. 국회의원은 어떤 의미에서 보면 정치의 가장 중요한 핵심적 가치를 가지고 있는 제도라 할 수 있다. 국민의 정치적 의지를 정당을 통하여 표현하는 간접 민주정치의 대명사이기 때문이다.

그러나 정치계 현실에 있어서는 국회의원 역시 입법 활동의 대부분을 개인 참모들을 통해서 한다고 보면 된다. 비록 국회의원의 이러한 활동을 지원하기 위하여 보좌관 제도가 있기는 하지만 대다수의 보좌관은 정당의 이념이나 강령 보다는 국회의원 개인의 인지도를 높이는 쪽으로 활동한다.

보좌관들에게 있어서 중요한 것은 자신이 지원하고 있는 국회의원이 어느 정당 소속인가 보다는 어느 상임위원회 소속인가에 더 신경을 쓰고 활동하는 면이 보이기도 한다. 이는 정당의 노선보다는 담당 분야의 정책이나 법률 자체, 즉 실무 차원에 더 많은 관심을 보인다는 말이 될 것이다.

하지만 이론적으로는 공직선거 후보자 공천이라는 것이 후보자 자신의 입장에서 볼 때는 선거를 통한 후보자 자신의 정치적 목적의 달성 방법이라고 생각하지만 정당의 입장에서는 선거를 통하여 정당의 정치적 목적을 달성하기 위한 것이라 할 수 있다.

그런데 우리나라에서는 여기에 덧붙여 공천의 또 다른 정치적 목적이 있으니 바로 그를 통한 여론 형성이라는 감성적 부분이다.

3 여론 조성

여론은 정당의 입장에서 볼 때는 생명수와 같다고 할 것이다. 여론에 따라 정당이 살고 죽기 때문이다. 그래서 정당은 항상 국민의 여론에 귀를 기울이고 있으며, 국민의 여론을 자기 정당에 유리하게 바꾸려는 노력을 지속적으로 추진한다.

오늘날 정치를 여론정치라 하는 이유도 이 때문이다.

그런데 여론은 우리가 교과서에서 배우는 것처럼 긍정적인 것만은 아니다. 영어로 Public opinion으로 번역되는 여론은 '어떤 문제에 대한 여러 사람들의 공통된 의견'이라고 한다. 이 말만 보면 여론은 아주 긍정적인 것으로 받아들여질 수 있다. 하지만 여기에는 다양한 문제점이 내포되어 있다. 바로 의견이라는 부분인데 의견은 항상 합리적이고 이성적인 판단을 하지 않는다는 것이다. 어떤 경우에는 사실과 유사할 수도 있지만 어떤 경우에는 감정적으로 생각하여 사실과 다를 수도 있는 것이다. 그런데 옛날의 사회처럼 매스미디어가 발달하지 않았던 시대에는 사람과 사람이 만나서 말을 주고받음으로써 의사소통을 하다 보니 오늘날보다는 상대적으로 자기 마음대로 생각하는 비율이 적었을 수 있었다. 하지만 이 당시에도 어떤 의도를 가지고 사실과 다른 결과를 유도하기 위한 설득도 많이 있었을 것이다. 그래서 여론이라는 것은 사실에 대한 합리적인 판단을 바탕으로 이루어지는 많은 사람들의 공통된 의견이고 이유를 불문한 상황에서 사람들이 어떻게 생각하는가, 그리고 어떤 생각을 가장 많이 하는가 하는 것을 여론이라고 하기도 했다.

결론적으로 말하면 여론이라는 것이 학술적으로 논의되고 정의되는 것처럼 민주적이고 합리적인 방법과 과정을 거쳐 만들어지지도 않고 동시에 여론이 어떤 문제에 대한 가장 올바른 생각도 아

니라는 부정적인 부분도 있다는 것이다.

특히 현대 사회처럼 대중매체가 발달한 경우, 의사소통의 속도는 빠르지만 제대로 된 의사소통이나 토론은 힘들다고 하겠다. 그러다보니 충분한 생각을 유도하는 것보다는 정서적으로 접근하는 사례가 많아졌다. 이는 여론 형성의 방법에도 영향을 미쳐 보다 짧은 말로 감정을 보다 효율적으로 자극하는 형태로 바뀌고 쌍방향 통신수단이란 이름이 무색하게도 일방적 의사 전달로 끝나는 식이다. 그래서 오늘날 여론은 어떤 문제에 대한 국민의 공통된 의견이나 다수의 합리적인 판단이 아니라, 무엇에 대한 알 수 없는 감정적 느낌의 공유 상태라 할 수 있다. 그래서 여론의 사회통합적 기능도 일시적인 현상으로 느낌의 변화에 따라 통합은 순식간에 이루어지고 순식간에 변화하여 그것이 과연 사회적 통합인가를 의심하게 한다.

하지만 정권을 창출하는 것은 선거라는 방법을 통하는 것인데 선거는 단 시간에 이루어지고 끝나는 것이라서 오늘날 여론은 선거에 활용하는 데에는 결코 부적합하다고 할 수 없는 상황이다. 하지만 학술적인 차원에서의 여론과는 거리가 멀다.

정당과 정치인은 학술을 추구하는 자들이 아니기에 이러한 현실적인 여론 형성에 대한 것을 알아야 한다. 촛불집회나 거리행사가 타당한 이유가 있어서 개최되는 것이 아니고 그것을 개최한 결과로 어떤 여론이 형성될 수 있기 때문에 하는 것이라는 사실도 정치를 생각하는 사람들은 알아야 한다.

여론이라는 이론적 개념에서 생각해 볼 때, 여론 형성 과정에는 분명히 합리적인 비판과 대안이 제시되어 이에 의한 국민 각자의 판단이 공통분모로 작용하여 여론이 만들어진다. 따라서 정당이나 정치인은 상대의 정책이나 이념, 또는 사회적 문제에 대한 정확한 정보와 논리적인 비판력을 가지고 상대를 공격하거나 국민을 설득하는 작업을 해야 한다.

정책 토론이나 평론 등을 통하여 이러한 작업을 하며 그 준비를 해야 한다. 그래서 토론회나 포럼을 준비하고 홍보하며 대중매체에서 진행하는 프로그램의 주제 선정에 자료와 정보를 제공하며 컬럼이나 평론 등을 기고하여 자신들의 주장이나 정견의 합리적 타당성을 역설한다.

이는 여론이라는 원론적 바탕에서 건설적으로 여론 형성의 뼈대를 구축하는 작업이라 할 수 있다. 하지만 현대 사회에서 이론은 대중화되기에 너무 고지식하여 대중 흡입력이 떨어진다. 현대인은 생각과 달리 생각하는 것을 별로 달가워하지 않고 남의 이야기를 길게 듣고 싶어 하지 않는다. 자신들의 이야기를 할 시간도 없는데 왜 남의 이야기를 들어야 하느냐, 혹은 내가 원하는 것을 하기에도 바쁜 세상인데 왜 내가 남의 말을 듣고 살아야 하는가라고 생각하기 때문이다.

따라서 합리성에 근거하여 건설적으로만 여론을 형성하려고 하면 상당히 어려운 현실이다.

▲ 대통령 · 시 · 도지사 오찬 간담회

정당이나 정치인들이 잘 사용하는 여론 조성 기법의 특성은 시간성, 즉 '타임'에 그 초점이 맞추어져 있다. 여론을 정치권력 획득 수단으로서, 특정 권력의 행사를 옹호하는 방편으로서만 여기는 현 정치계 풍토에서 이론적 접근으로 여론을 형성한다는 것은 사실상 힘들다. 그렇지만 잘 이요하면 여론만큼 이용가치가 높은 정치 수단도 없다. 그래서 이를 필요할 때 잠시 이용하는 방법이 등장한 것이다. 바로 사람들의 감정을 건드려 분위기를 조성하는 방법이다.

이 방법에서 가장 중요한 것은 목표이다. 목표가 선정되면 그 목표 달성에 적합한 이미지를 구상하고 이미지를 대변할 핵심 용어나 구호를 만든다. 이 때 카피라이터가 동원된다.

카피라이터는 광고에 생명을 불어넣는 작업을 한다. 그래서 정치적 여론 형성에 있어서 이 카피라이터가 중요한 역할을 한다. 한 문장의 논리적인 글보다 한 구절의 문구가 더 효율적인 것이 현실이다. 설득보다는 선동이 더 효과적인 것이다. 선거 때마다 네거티브 전략을 자제하고 정책 토론으로 승부하라고 아무리 해도 네거티브적 행위가 없어지지 않는 이유도 그것이 감정을 자극하여 자신에게 유리한 분위기를 조성하는 데에 더 효율적이기 때문이다.

그래서 합리적이고 타당한 정책을 만들어 홍보하는 것보다 한마디의 구호가 더 많은 지지를 불러 올 수 있는 것이다. 그러다보니 현대 정치는 여론이라는 이름으로 통용되지만 그것이 과연 여론인지 의심이 가는 그런 여론에 의한 정치라 해도 완전히 틀린 말은 아닐 것이다.

　이처럼 말을 통해 감정적 분위기를 조성함으로써 어떤 문제나 세력에 대해 압력을 행사하거나 자신들이 원하는 방향으로 유도하는 방법 이외에 행위를 통하여 똑같은 효과를 유도하는 경우도 있다. 이런 행위 중에 가장 빈번히 사용되는 것이 '거리 집회', '촛불시위', '1인 시위', '고공시위', '단식투쟁', '분신', '자살' 등이 있다. 이들은 모두 본래의 신문고적 의미에서 만들어진 것이지만, 요즈음에는 그러한 의미에서 벗어나, 즉 주어진 상황의 억울함에서 벗어나려는 최후의 방법으로서가 아니고 거꾸로 상황이 주어지기 전에 자신에게 유리한 분위기나 입장을 만들기 위해 전략적으로 활용하는 사례가 비일비재하다.

　정당이나 정치세력 또는 정치인들은 이러한 방법을 이용하는 데에도 능숙해야 한다. 비록 이렇게 만들어진 분위기는 오래 가지는 못하지만 정책 결정이나 선거에 영향을 미치기에는 충분한 시간 동안 지속될 수 있기 때문이다.

　하지만 이는 민주주의 근본정신이나 사회정의의 문제와 충돌되는 점들이 있기 때문에 앞으로 이의 사용에 대하여 합리적인 조정이 제도적 차원에서 이루어져야 할 것으로 보인다.

정당의 구조와
설립 절차

2

정당은 국민의 자발적인 정치적 결사체라고 할 수 있기 때문에 정당의 설립은 자유롭게 이루어져야 한다. 그러나 너무 많은 정당이 무책임하게 난립되면 정당의 존립 목적이 위태로워 질 수 있기에 정당에 관한 기본적인 조건들을 제도적으로 정해 놓는 것이 거의 모든 국가에 있어 일반적인 현상이라고 본다. 조건을 갖추었을 경우에는 누구든지 자유롭게 정당을 설립할 수 있고 만일 누가 정당의 창립을 방해한다면 처벌을 받을 것이다.

우리는 국가 차원에서 정당에 관해 제도적으로 정해 놓은 규정을 '정당법'이라고 한다.

조직

정당의 활동은 헌법과 법률에 의하여 보장된다. 그러나 특정의 다른 정당이나 다른 정당의 공직선거의 후보자를 지원하거나 반대하는 활동을 일상적으로 할 수는 없다.

정당의 조직은 정당마다 그 필요성에 따라 자체적으로 만들어지기 때문에 다르다고 하겠다. 따라서 특정 정당의 내부 조직이 알고 싶은 사람은 해당 정당 홈페이지에 들어가보면 자세히 볼 수 있다.

하지만 우리나라 정당법에 의하여 정당이 되려면 최소한 갖추어야 하는 기본 조직이 있는데 만일 이러한 기본 조직을 갖추지 못한 경우에는 정당으로서 성립될 수가 없다. 그래서 모든 정당은 다음과 같다.

- 정당은 수도에 소재하는 중앙당과 특별시 · 광역시 · 도에 각각 소재하는 시당과 도당으로 구성되며 모든 정당은 최소한 5개 이상의 시 · 도당을 가져야 한다.
- 시 · 도당은 각각의 관할 행정지역 안에 주소를 둔 1,000명 이상의 당원을 가져야 한다.

이상의 기본적 조직을 갖추면 일단 정당으로서 등록은 할 수 있다. 하지만 이러한 기구 이외에도 정당에는 갖추어야 할 기관들이 많이 있다.

어느 정당을 막론하고 갖추고 있는 정당의 조직들을 살펴보면 대략 다음과 같다. 하지만 세부적 조직은 정당마다 다르다는 것을 알아야 한다. 여기서는 공통된 조직만을 말하고자 한다.

- **당 대표** : 당 대표, 대표 최고위원, 당 총재 등등 명칭은 정당마다 다를 수 있으나 어느 정당이던지 당을 대표하는 당 대표가 단독으로 혹은 복수로 존재 한다. 복수로 있을 때에는 공동대표라는 명칭을 보통 사용한다.

- **중앙당 사무처** : 정당의 사무를 처리하기 위하여 중앙당에 사무처를 두며 당 사무와 관련된 모든 업무를 취급하고 자료나 서류를 보관한다.
  사무처는 당 사무를 보기 위하여 급여를 주는 사무직원을 채용할 수 있는데 중앙당 사무처 직원의 수는 100명을 넘을 수 없으며 시 · 도당 사무국에서 일하는 유급 직원은 당 전체로 총 100명을 초과할 수 없으며 이 숫자 내에서 각 시 · 도당 별로 중앙당에서 정한 인원 수 만큼의 직원을 채용한다. 이 때 직원의 근무 형태는 상근일 수도 있고 비상근일 수도 있다. 그러나 정당 부설 정책연구소 연구원은 여기에 해당되지 않는다. 또한 활동비만 받고 특정 업무를 수행하는 당의 간부도 유급직원으로 보지 않는다.

- **당원 총의 반영 기관** : 전당대회 혹은 전국 대의원대회 등이 역시 정당마다 명칭이 다르지만 전체 당원의 의사를 반영하는 기구를 반드시 가지고 있어야 한다.

- **예산결산위원회** : 정당의 재정 상황을 정확하고 투명하게 하기 위하여 중앙당 산하에 정당의 예산과 결산 및 그 내역에 관한 회계검사 등 정당의 재정에 관한 사항을 확인·검사하기 위한 예산결산위원회를 두어야 한다.

- **의원총회** : 정당 소속 국회의원들이 있을 경우, 의원들의 총회 기구를 갖추어야 한다. 보통 원내로 통칭되는 이 조직을 대표하는 의원을 원내대표라 한다. 소속 국회의원 수가 20명이 넘으면 정당 단독으로 원내교섭단체를 만들 수 있으며 정당의 입법활동이나 의정 활동에 있어 사전 조율작업을 이 조직을 통하여 추진한다. 따라서 원내교섭단체를 가진 정당은 활동면에 있어서 그렇지 않은 정당에 비하여 훨씬 수월하다고 하겠다.

- **정책연구소** : 중앙당에 정책연구소를 두어야 하는데 보조금을 지원 받는 정당은 반드시 설치하여 운영하여야 한다. 그리고 그 활동 실적은 중앙선거관리위원회에 보고 하여야 한다.

- **당원협의회** : 국회의원지역구 및 자치구 · 시 · 군, 읍 · 면 · 동별로 당원협의회를 둘 수 있다. 그러나, 당원협의회의 사무소를 둘 수는 없다.

- 이 밖의 기관이나 그 권한에 관하여는 당헌으로 이를 정한다.

정당의 설립 절차

누구든지 자유로이 요건을 갖추어 정당을 설립할 수 있다. 그러나 헌법재판소의 결정으로 해산된 정당의 강령과 동일하거나 유사한 것으로 정당을 창당하지 못하며 해산된 정당의 당명을 사용할 수 없다.

또한 해산된 정당이나 다른 정당의 당명과 유사한 당명도 사용하지 못한다.

정당 발기인이 될 수 없는 사람

- 「국가공무원법」또는 「지방공무원법」에 규정된 공무원. 다만, 대통령, 국무총리, 국무위원, 국회의원, 지방의회의원, 선거에 의하여 취임하는 지방자치단체의 장, 국회 부의장의 수석비서관·비서관·비서·행정보조요원, 국회 상임위원회·예산결산특별위원회·윤리특별위원회 위원장의 행정보조요원, 국회의원의 보좌관·비서관·비서, 국회 교섭단체대표의원의 행정비서관, 국회 교섭단체의 정책연구위원·행정보조요원과 대학 총장·학장·교수·부교수·조교수·강사 등의 교원은 제외한다.
- 대학 총장·학장·교수·부교수·조교수·강사 등의 교원을 제외한 사립학교의 교원
- 법령의 규정에 의하여 공무원의 신분을 가진 자
- 대한민국 국민이 아닌 자는 당원이 될 수 없다.

1 **창당준비위원회 결성**

창당준비위원회는 중앙당의 경우에는 200명 이상, 시·도당의 경우에는 100명 이상의 발기인으로 구성한다.

※발기인 자격 : 법령에서 규정한 자를 제외한 국회의원 선거권을 가진 모든 사람

2 **중앙선거관리위원회에 신고**

중앙당창당준비위원회를 결성한 때에 그 대표자는 발기인이 서명·날인한 동의서를 첨부하여 중앙선거관리위원회에 다음 각 호의 사항을 신고하여야 한다.

1. 발기의 취지
2. 정당의 명칭(가칭)
3. 사무소의 소재지
4. 발기인과 그 대표자의 성명·주소
5. 회인(會印) 및 그 대표자 직인의 인영
6. 중앙선거관리위원회규칙으로 정하는 사항

3 **창당 준비 활동**

창당준비위원회는 신고일로부터 6개월 이내에 창당을 목적으로 활동한다. 6개월 이내에 중앙당이 창당 등록을 하지 않을 경우 창당준비위원회가 소멸된 것으로 본다.

시·도당의 창당은 창당준비위원회의 승인이 있어야 된다.

4 **정당 등록**

창당준비위원회가 창당준비를 완료한 때에는 그 대표자가 대표자 및 간부의 취임동의서와 창당집회를 공개한 신문 공고 자료 및 창당대회 회의록 사본을 첨부하여 관할 선거관리위원회에 정당의 등록을 신청하여야 한다.

이때 다음의 사항을 등록한다.

1. 정당의 명칭(약칭을 정한 때에는 약칭을 포함한다)
2. 사무소의 소재지
3. 강령(또는 기본정책)과 당헌
4. 대표자 · 간부의 성명 · 주소
5. 당원의 수
6. 당인(黨印) 및 그 대표자 직인의 인영
7. 시 · 도당의 소재지와 명칭
8. 시 · 도당의 대표자의 성명 · 주소

 정당 간부의 범위

- **중앙당의 간부**
  1. 대의기관의 장 2. 사무기구의 장   3. 정책총괄기구의 책임자
  4. 국회의원이 있는 경우 국회에서 해당 정당을 대표하는 자
- **시 · 도당의 간부**
  1. 대의기관의 장   2. 사무기구의 장

5 **시 · 도당 등록**

시 · 도당의 등록 신청은 대표자 및 간부의 취임동의서, 중앙당 또는 그 창당준비위원회의 창당승인서, 법정 당원 수에 해당하는 수의 당원의 입당원서 사본 및 창당대회 회의록 사본을 첨부하여 다음 사항을 관할 선거관리위원회에 등록 신청한다.

1. 정당의 명칭
2. 사무소의 소재지
3. 대표자 · 간부의 성명 · 주소
4. 당원의 수
5. 당인(黨印) 및 그 대표자 직인의 인영

6 **등록신청 심사**

등록신청을 받은 관할 선거관리위원회는 형식적 요건을 구비하는 한 이를 거부하지 못한다. 다만, 형식적 요건을 구비하지 못한 때에는 상당한 기간을 정하여 그 보완을 명하고, 2회 이상 보완을 명하여도 응하지 아니할 때에는 그 신청을 각하할 수 있다.

7 **등록 · 등록증 교부 및 공고**

등록신청을 받은 관할 선거관리위원회는 등록신청을 접수한 날부터 7일 이내에 등록을 수리하고 등록증을 교부하여야 하며 지체 없이 그 뜻을 공고하여야 한다.

강령과 당헌

- 강령 : 기본 정책 또는 노선

- 당헌 : 당의 최고이며 가장 근본인 규정. 당의 헌법에 해당

  〈당헌에 명시되어야 할 기본 사항〉

  1. 정당의 명칭

  2. 정당의 일반적인 조직 · 구성 및 권한에 관한 사항

  3. 대표자 · 간부의 선임방법 · 임기 · 권리 및 의무에 관한 사항

  4. 당원의 입당 · 탈당 · 제명과 권리 및 의무에 관한 사항

  5. 대의기관의 설치 및 소집절차

  6. 간부회의의 구성 · 권한 및 소집절차

  7. 당의 재정에 관한 사항

  8. 공직선거후보자 선출에 관한 사항

  9. 당헌 · 당규의 제정 및 개정에 관한 사항

  10. 정당의 해산 및 합당에 관한 사항

  11. 등록취소 또는 자진해산시의 잔여재산 처분에 관한 사항

① 정당 등록 취소

정당이 다음 중의 어느 하나에 해당하는 때에는 당해 선거관리위원회는 그 등록을 취소한다.

- 법정 시 · 도당 수 및 시 · 도당의 법정 당원 수의 요건을 구

비하지 못하게 된 때. 다만, 요건의 흠결이 공직선거의 선거일 전 3월 이내에 생긴 때에는 선거일 후 3개월까지, 그 외의 경우에는 요건 흠결 시부터 3개월까지 그 취소를 유예한다.

■ 최근 4년간 임기만료에 의한 국회의원선거 또는 임기만료에 의한 지방자치단체의 장 선거나 시 · 도의회의원 선거에 참여하지 아니한 때

■ 임기 만료에 의한 국회의원 선거에 참여하여 의석을 얻지 못하고 유효 투표총수의 100분의 2 이상을 득표하지 못한 때

② 당비

정당은 당원의 정예화와 정당의 재정자립을 도모하기 위하여 당원들의 당비 납부제도를 만들어 운영하여야 한다. 그러나 당원 자신의 당비만 내어야지 다른 사람의 당비를 대신 납부하면 안 된다. 이는 정당 가입이 완전히 자율적으로 이루어지도록 한다는 취지에서 시행하는데 만일 다른 사람의 당비를 납부했던지 혹은 타인으로 하여금 자신의 당비를 부담하게 한 자는 당비를 낸 것이 확인된 날부터 1년간 당해 정당의 당원 자격이 정지된다.

또한 당비 납부의무를 이행하지 아니하는 당원에 대한 권리행사의 제한, 제명 및 당원 자격의 정지 등에 관하여 필요한 사항은 당헌으로 정한다.

※ 창당 활동 및 정당 활동 방해의 죄

속이거나 힘이나 협박 등으로 창당 준비 활동을 방해하여 창당준비위원회의 기능을 상실 또는 일시 정지하게 한 자, 또는 역시 같은 방법으로 정당의 활동을 방해하여 정당의 기능을 상실 또는 일시 정지하게 한 자 등은 7년 이하의 징역 또는 3천만 원 이하의 벌금에 처한다.

3 정당 정치의 좋은 점과 문제점

예전의 철학자들은 정당 정치에 대하여 그다지 좋은 평가를 하지 않았다. 그 이유는 인간의 보편적 이익을 실현하는 것이 정치라고 생각하는데 정당은 공공의 이익 대신에 그들만의 사적인 이익을 추구하는 이익단체로 취급했기 때문이다.

사실 정당의 이러한 어두운 측면을 완전히 배제할 수는 없지만 욕망을 가진 인간의 현실적 존재를 인정하는 민주주의 사회에서 정당이 갖는 순기능적인 면도 무시할 수 없다.

정당은 무엇보다도 자신들의 정강이나 정책을 통하여 국민들의 다양한 정치적 의지와 이익 관계를 실천 가능한 형태로 조직화

하고 체계화한다는 장점이 있다. 사실 국민 개개인이 가지고 있는 바람이나 욕구를 그대로 모두 현실화 한다는 것은 불가능하다. 그렇게 되면 만인의 만인에 대한 투쟁 상태가 벌어져 사회는 극도로 혼란해 질 것이다.

정당은 이러한 무수히 많은 욕구들을 정리하고 조직화 하여 국민들의 욕구를 실천하도록 노력한다.

둘째로, 정당은 국민 스스로 정치에 참여하는 통로 역할을 한다. 한 개인이 국가의 일을 다 할 수도 없지만 국가의 일을 어떻게 하는지, 어떤 경로로 그 일을 맡을 수 있는지, 국가의 정치권력은 어떻게 운용하는지도 전혀 알 수 없다. 그런데 정당은 국민 개개인이 자신의 자발적인 의지에 따라 국가의 일에 적극 참여하여 자신

의 정치적 의지를 실천할 수 있도록 교육시키고 동시에 그 길을 열어주기도 한다. 말하자면 정치 인력을 교육시키고 정치인을 배출함으로써 국민의 참정권을 확실하게 실현하는 통로의 역할을 하여 정치의 궁극적 목적인 자기실천이라는 민주주의 정신을 구현한다.

셋째로, 정당은 정부를 조직하고 이끌어 나가는 정치적 엘리트를 양성하는 역할을 한다. 정치는 사회 현장에서 일어나는 현실적 통치행위이다. 학교의 이론수업만으로는 정치가가 될 수 없다. 정치의 현장 경험을 도제식으로 직접 배우고 익히며 교육함으로써 미래의 정치적 지도자를 양성하는 역할을 담당하고 있다.

그래서 우리나라 정당법에 보면 정치적 지도자를 배출하지 못하는 정당은 정당으로서 기능을 상실했다고 보고 정당 등록을 취

소하도록 하고 있다. 그만큼 정치 엘리트 배출은 정당의 주요한 기능이라 하겠다.

넷째로, 정당은 국민들에게 그들의 정치적 이익을 관철 시킬 수 있는 절차와 제도로서 국민들 상호간의 대립과 분열을 조화롭게 단합시키는 역할을 한다. 이러한 제도적 장치가 없다면 국민 각자의 무분별한 정치참여로 인하여 폭력과 부정이 난무하는 혼란한 사회가 될 것이다. 정당은 이러한 국민들의 욕구를 해소하는 정리된 창구 역할을 함으로써 대립과 분열을 창구를 통한 단결로 결합하는 기능을 가지고 있다.

다섯째로, 정당은 국민들에게 정치에 관한 교육을 하는 기능을 발휘한다. 즉 훈련되지 않은 원시적 욕구를 정치문화 속에서 제도적 조율 장치에 의해 합리적으로 구현하는 방법을 교육함으로써 평화적으로 공동의 이익을 실천하는 의식 높은 정치문화를 조성한다. 이는 공동의 삶을 추구하며 동시에 개인의 삶의 질을 향상 시키고자 하는 현대 정치이념에 있어서 없어서는 안 될 요소이다. 그래서 정당에 대하여 부정적인 견해가 있음에도 불구하고 오늘날 민주국가에 있어서 정당에 대한 평가는 긍정적이다.

하지만 정당의 간부들이 폐쇄적인 생각과 배타적인 이념에 사로잡힌다거나 금권정치가 정당에 파고 들어오면 정당은 오히려 민주정치 실현의 장애물로 변신할 것이다. 이렇게 되면 정당에 의해 국가의 여론이 분열되고, 정당은 특수 집단이나 특정 지역 또는 특정 이익을 대변하게 되고 그 정도가 심해지면 국가 분열이나 내전의 근거지가 되기도 한다.

이렇듯 정당에는 밝은 면과 어두운 면이 공존한다. 하지만 이익사회의 현실과 이성뿐만 아니라 욕망도 함께 지닌 인간의 실체적 존재를 인정한다면 정당은 오늘날 없어서는 안 될 사회조직이라 할 수 있다.

〈우리나라 정당 등록 현황〉 2018년 7월 기준

정당명(약칭)	등록 연월일
더불어민주당(민주당, 더민주)	2014. 03. 26
자유한국당(한국당)	1997. 11. 24
바른미래당	2018. 02. 19
정 의 당	2012. 10. 31
민주평화당(평화당)	2018. 02. 07
민 중 당	2017. 10. 26
대한애국당(애국당)	2017. 09. 04
가자코리아(코리아)	2012. 11. 13
경제애국당	2016. 03. 21
공 화 당	2014. 05. 14
국민새정당	2017. 04. 15
국민행복당(행복당)	2015. 10. 07
국제녹색당	2007. 08. 08
그린불교연합당(불교당)	2012. 12. 11
기 독 당	2014. 05. 01
기독자유당	2016. 03. 16
노 동 당	2012. 10. 22
녹 색 당	2012. 10. 22
대한민국당(대민당)	2012. 07. 16
민중민주당	2016. 11. 21
사회민주당	2016. 02. 15
새누리당	2017. 04. 10
우리미래	2017. 03. 20
인권정당	2016. 03. 21
진리대한당(대한당)	2016. 02. 15
친박연대	2012. 11. 13
통일한국당	2015. 12. 02
통합민주당(통민주당)	2016. 05. 16
한국국민당	2015. 08. 04
한나라당	2013. 04. 15
한누리평화통일당(한누리당)	2016. 02. 15
한반도미래연합(한미연)	2016. 03. 21
홍 익 당	2017. 04. 10

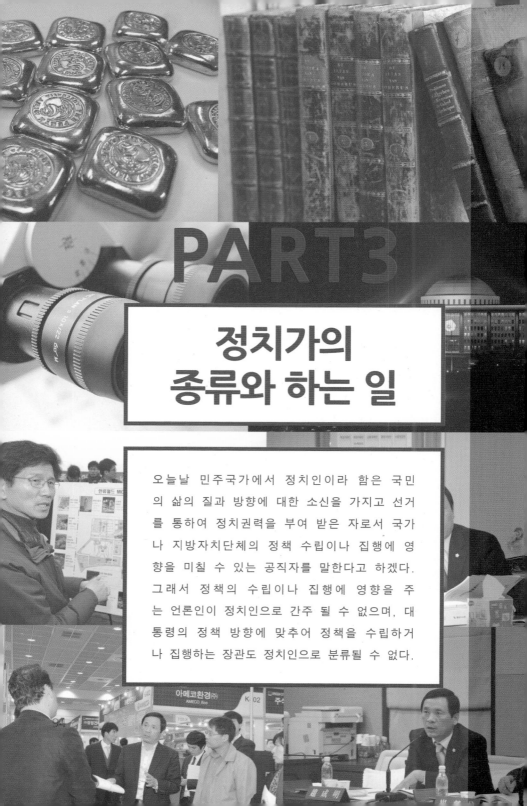

PART3

정치가의
종류와 하는 일

오늘날 민주국가에서 정치인이라 함은 국민의 삶의 질과 방향에 대한 소신을 가지고 선거를 통하여 정치권력을 부여 받은 자로서 국가나 지방자치단체의 정책 수립이나 집행에 영향을 미칠 수 있는 공직자를 말한다고 하겠다. 그래서 정책의 수립이나 집행에 영향을 주는 언론인이 정치인으로 간주 될 수 없으며, 대통령의 정책 방향에 맞추어 정책을 수립하거나 집행하는 장관도 정치인으로 분류될 수 없다.

정치가의 의미

1

정치가 = 정치인

정치인은 누구를 말하는가? 하는 질문에 일반적으로 정치에 종사하는 사람이라고 하는데 이는 대답이 아니고 회피에 불과하다.

그렇다고 국가가 하는 일에 종사하는 모든 사람을 정치인으로 보는 것 역시 행정과 정치를 구분하지 못한 대답이다.

또 어떤 사람들은 선거에 의하여 선출되는 공무원과 정무직 공무원을 정치인이라고 말하는데 이 역시 정치의 내용에 대한 언급 없이 형식적으로 말하는 경우이다. 선거에 의하여 선출되는 공무원은 정치인이라 하겠지만 정무직 공무원은 정치인인 경우도 있

지만 아닌 경우도 있다. 정무직이라는 말이 정치인이라는 느낌은
풍기지만 정치인이라기 보다는 임용의 임의성이 더 고려되지 않았
나 하는 느낌이 들 때도 있기 때문이다.

그러면 정치인은 어떤 사람인가?

먼저 행정을 하는 사람들과 구분해야 할 것이다. 행정은 한마
디로 수립된 정책을 집행하는데 종사하는 공무원을 말한다. 그 공
무원이 임용시험과 승진을 거쳐 왔던지 아니면 정치권력자에 의하
여 임용되었던 지를 불문하고 행정 공무원이라고 할 수 있다.
    여기서 가장 문제가 되는 직위가 장관이나 차관이다. 장관은

물론 정무직으로 분류 되지만 차관의 경우에는 행정직도 있고 정무직도 있다. 일반적으로 사람들은 장·차관을 정치인으로 생각하기 쉽지만 이는 생각을 해 볼 문제인 것 같다. 특히 대다수의 경우에 차관은 고개를 한 번쯤 갸우뚱거릴 수 있지만 장관이 정치인이라는 데에는 모두 동의할 것이다. 왜냐하면 장관은 정책 수립이나 집행에 있어서 중심적인 역할을 한다고 생각하기 때문이다.

프랑스처럼 장관이 자신의 부처에서 진정한 의미의 리더 역할을 한다면 우리는 장관도 정치인이라고 할 수 있다. 그러나 미국처럼 장관이 대통령의 보조 역할을 한다면 장관을 정치인 그룹에 속하는 사람으로 볼 수는 있지만 정치인이라고 하기에는 맞지 않는다. 우리나라 역시 미국식 대통령제와 비슷한 제도를 채택하고 있기 때문에 장관을 정치인이라고 확정지어 말할 수는 없을 것 같다.

오늘날 민주국가에서 정치인이라 함은 국민의 삶의 질과 방향에 대한 소신을 가지고 선거를 통하여 정치권력을 부여 받은 자로서 국가나 지방자치단체의 정책 수립이나 집행에 영향을 미칠 수 있는 공직자를 말한다.

그래서 정책의 수립이나 집행에 영향을 주는 언론인이 정치인으로 간주 될 수 없으며, 대통령의 정책 방향에 맞추어 정책을 수립하거나 집행하는 장관도 정치인으로 분류될 수 없다.

정치인은 다음과 같은 요소를 갖추어야 한다.

- 국민의 삶의 질과 방향에 대한 소신, 즉 정치적 소신을 가

지고 있어야 한다.

- 선거를 통하여 정치권력을 부여 받은 공직자이다.
- 정책 수립이나 집행에 영향력을 행사할 수 있다.

먼저 정치적 소신이 없는 선거 당선자는 권력욕에 사로잡힌 지배자이지 정치인은 아니다.

선거를 통하지 않고 정치권력을 가졌다면 혁명가이거나 반란 집단의 리더이지 정치인은 아니다.

그리고 정책 수립이나 집행에 영향을 미칠 수 없다면 진정한 정치인이라고 할 수 없다. 비록 영향을 줄 수 있다 하더라도 선거를 통하지 않거나 정치적 소신이 없다면 전문가이거나 보좌관이지 정치인은 아니다.

2 정치가의 종류와 주요 업무

대통령

① 선거 방법

- 입후보 자격 : 만 40세 이상으로 국회의원 피선거권이 있는 대한민국 국민
- 대통령은 국민의 보통 · 평등 · 직접 · 비밀선거에 의하여 선출하는데 선거에 있어서 최고득표자가 2인 이상인 때에는 국회의 재적의원 과반수가 출석한 공개회의에서 다수표를 얻은 자를 당선자로 한다.
- 대통령후보자가 1인일 때에는 그 득표수가 선거권자 총수

의 3분의 1 이상이 아니면 대통령으로 당선될 수 없다.
- 대통령의 임기 만료 70일 내지 40일전에 후임자를 선거한다.
- 대통령이 궐위된 때 또는 대통령 당선자가 사망하거나 판결 기타의 사유로 그 자격을 상실한 때에는 60일 이내에 후임자를 선거한다.

 용어설명

- **궐위**
  여러 가지 이유로 대통령의 직책을 수행 할 수 없게 된 상황

2 임기

대통령은 취임에 즈음하여 다음의 선서를 한다.

"나는 헌법을 준수하고 국가를 보위하며 조국의 평화적 통일과 국민의 자유와 복리의 증진 및 민족문화의 창달에 노력하여 대통령으로서의 직책을 성실히 수행할 것을 국민 앞에 엄숙히 선서합니다."

대통령의 임기는 5년이고 두 번할 수가 없다. 또한 대통령이 궐위되거나 사고로 인하여 직무를 수행할 수 없을 때에는 국무총

리가 대통령 권한을 대행하며, 국무총리가 대행할 수 없는 경우에는 법률이 정한 국무위원의 순서로 그 권한을 대행한다.

③ 하는 일

대통령이 하는 일은 헌법으로 규정해 놓았는데 이는 법률적 사항이고 이외에도 대통령은 국가를 대표하는 사람이기 때문에 대통령의 모든 행위는 국가와 국민의 명예와 직결된다.

그런 측면에서 볼 때 대통령은 국가적 상징성을 가지고 있다고 하겠다. 이는 정치권력을 지닌자로서의 이미지인데 대통령은 이

▲ 대한민국 제 1, 2, 3대 대통령 이승만

이미지조차도 항상 국가와 국민을 생각하여 관리해야 한다.

또한 대내적으로는 행정기관을 포함한 모든 공직자들을 대표하여 국민에게 책임을 지는 자이기 때문에 그야말로 국가의 수장이라고 하겠다.

하지만 대통령이 모든 공적인 업무를 다 하는 것은 아니다. 대통령은 공공기관이 일을 하는 원칙과 목표를 관리하고 정책 운용의 원칙을 세우는 일을 한다. 그래서 대통령의 공적인 행위는 거의 법률과 같은 효력을 가진다고 생각하면 이해하기가 쉽다. 이는 사회의 평화와 정의를 구현하려는 정치권력의 속성이며 정치의 존재이유이라 하겠다.

다음은 헌법에 규정되어 있는 대통령의 권한과 업무의 내용이다.

- 대통령은 국가의 원수이며, 외국에 대하여 국가를 대표한다.
- 대통령은 국가의 독립 · 영토의 보전 · 국가의 계속성과 헌법을 수호할 책무를 진다.
- 대통령은 조국의 평화적 통일을 위한 성실한 의무를 진다.
- 행정권은 대통령을 수반으로 하는 정부에 속한다.
- 대통령은 필요하다고 인정할 때에는 외교 · 국방 · 통일 기타 국가안위에 관한 중요정책을 국민투표에 붙일 수 있다.
- 대통령은 조약을 체결 · 비준하고, 외교사절을 신임 · 접수 또는 파견하며, 선전포고와 강화를 한다.

- 대통령은 헌법과 법률이 정하는 바에 의하여 국군을 통수한다.
- 대통령은 법률에서 구체적으로 범위를 정하여 위임받은 사항과 법률을 집행하기 위하여 필요한 사항에 관하여 대통령령을 발할 수 있다.
- 대통령은 내우 · 외환 · 천재 · 지변 또는 중대한 재정 · 경제상의 위기에 있어서 국가의 안전보장 또는 공공의 안녕질서를 유지하기 위하여 긴급한 조치가 필요하고 국회의 집회를 기다릴 여유가 없을 때에 한하여 최소한으로 필요한 재정 · 경제상의 처분을 하거나 이에 관하여 법률의 효력을 가지는 명령을 발할 수 있다. 하지만 지체 없이 국회에 보고하여 승인을 얻어야 한다.
- 대통령은 국가의 안위에 관계되는 중대한 교전상태에 있어서 국가를 보위하기 위하여 긴급한 조치가 필요하고 국회의 집회가 불가능한 때에 한하여 법률의 효력을 가지는 명령을 발할 수 있다. 이 또한 지체 없이 국회에 보고하여 승인을 얻어야 한다.
  국회의 승인을 얻지 못한 때에는 그 처분 또는 명령은 그때부터 효력을 상실한다. 이 경우 그 명령에 의하여 개정 또는 폐지되었던 법률은 그 명령이 승인을 얻지 못한 때부터 당연히 효력을 회복한다.
- 대통령은 전시 · 사변 또는 이에 준하는 국가비상사태에 있

어서 병력으로써 군사상의 필요에 응하거나 공공의 안녕질
서를 유지할 필요가 있을 때에는 법률이 정하는 바에 의하
여 계엄을 선포할 수 있다.

대통령이 선포하는 계엄에는 비상계엄과 경비계엄이 있는
데 비상계엄이 선포된 때에는 법률이 정하는 바에 의하여
영장제도, 언론·출판·집회·결사의 자유, 정부나 법원의
권한에 관하여 특별한 조치를 할 수 있다.

대통령이 계엄을 선포한 때에는 지체없이 국회에 통고하여
야 하지만 국회의 승인을 얻을 필요는 없다. 그러나 국회가
재적의원 과반수의 찬성으로 계엄의 해제를 요구한 때에는
대통령은 이를 해제하여야 한다.

- 대통령은 헌법과 법률이 정하는 바에 의하여 공무원을 임
  면한다.

- 대통령은 법률이 정하는 바에 의하여 사면·감형 또는 복
  권을 명할 수 있다.

  그러나 일반사면을 명하려면 국회의 동의를 얻어야 한다.

- 대통령은 법률이 정하는 바에 의하여 훈장 기타의 영전을
  수여한다.

- 대통령은 국회에 출석하여 발언하거나 서한으로 의견을 표
  시할 수 있다.

- 대통령의 국법상 행위는 문서로써 하며, 이 문서에는 국무
  총리와 관계 국무위원이 부서한다. 군사에 관한 것도 또한

같다.

- 대통령은 국무총리 · 국무위원 · 행정각부의 장 기타 법률이 정하는 공사의 직을 겸할 수 없다.
- 대통령은 내란 또는 외환의 죄를 범한 경우를 제외하고는 재직 중 형사상의 소추를 받지 아니한다.

국회의원

대통령이나 국회의원이나 모두 국민이 선거로 뽑는 국가기관이며 국민을 대표한다. 그런데 왜 국민은 자신들을 대표하는 기관을 두 개나 선출하였을까?

국민이 선출한 대통령과 국민이 선출한 국회의원이 충돌하면 어떻게 해야 하나?

이 문제에 대한 해답을 구하기 위하여 먼저 입법기관이 생긴 이유를 알아보는 것이 좋을 것 같다.

입법기관은 말 그대로 법을 만드는 기관이다. 법은 모든 사회적 관계나 행위의 기준이 되는 것으로 사회 속의 이익관계들을 조화롭게 조정하여 균형을 이루도록 하는 역할을 한다. 그래서 왕이 이 법에 따라서만 권력을 행사하도록 하는 법치주의를 제도화했다.

그러니 법치주의의 핵심 역할을 하는 것은 바로 국회의원 집단인 국회라 할 수 있다.

대통령은 이전의 왕과 같은 존재이다. 단지 국민이 선출한 국민을 위해 일하는 왕이라는 것이 왕조시대의 왕과 다를 뿐이고 정치권력을 행사하는 측면에서 볼 때 왕과 실질적으로 별반 다를 바가 없다. 다만 대통령의 정치권력은 왕과 달리 임의적으로 사용할 수 없게 규정되어 있는 것과 대통령이 행사할 수 있다고 정한 권력만 행사할 수 있는 것이 다를 뿐이다. 그러나 비상시국에 대통령에게 포괄적으로 권력을 위임하고 있어서 옛날의 왕과 완전히 다르다고 할 수는 없다. 다른 면은 정치권력의 정당성을 획득하는 과정이 다를 뿐이고 그 성질을 유사하다고 할 수 있다.

이러한 대통령이 비록 국민의 투표로 선출 되었지만 대통령의 권한을 행사하는 시점에서 막강한 정치권력을 아무런 통제 장치 없이 대통령 1인에게 맡겨 놓는다는 것은 자칫 위험할 수가 있는 것이다. 그래서 이를 규제하기 위하여 국회라는 것을 만든 것이다.

국회는 법을 만들어 대통령을 견제한다. 그런데 이 법에는 무엇은 하지말아라는 금지 규정이 있고 또 무엇은 해야한다라고 적극적 추진 규정이 있다. 이때 금지와 추진을 판단하는 기준이 어디에 있는가 하면 이론상으로는 국민과 국가의 이익이다. 그리고 국가와 국민의 이익이 서로 다르거나 충돌할 경우에 나라의 정치문화나 국민 의식 수준에 따라 다르지만 민주주의 국가에서는 일반적으로 국민의 이익이 우선한다.

이렇게 '하라' '하지마라'로 만들어진 법에 따라 대통령은 국가의 사무를 처리 운영하게 된다. 그리고 과연 대통령이 국회에서 만든 법대로 그리고 그 입법 취지대로 잘 하고 있는지를 감독하는 권한을 국회가 가지고 있다.

따라서 국회를 민주주의의 보루라고 할 수 있고 오늘날 민주정치에서 핵심적 역할을 하는 기관이라고 볼 수 있다.

1 선거 방법

국회의원은 선출 방법에 따라 지역구 의원과 비례대표 의원 2종류로 나뉘는데 일단 국회의원이 되면 신분이나 권한 등 모든 면에 있어서 동일하다. 다만 비례대표로 국회의원이 되었을 때에는 탈당 등의 경우에 국회의원 신분의 변동이 생길 수가 있다.

① 지역구 국회의원

- 국회의원은 만 25세 이상의 대한민국 국민이면 누구나 선거를 통하여 될 수 있다.
- 국회의원은 지역선거구별로 국민의 보통 · 평등 · 직접 · 비밀선거에 의하여 선출하는데 지역선거구 내에서 최고 득표자를 당선자로 하며, 최고득표자가 2인 이상인 때에는 연장자를 당선자로 한다.
- 국회의원 지역선거구 후보자가 1인일 때에는 투표를 하지 않고 그 후보자를 선거일에 당선인으로 결정한다.

 국회의원 선거구 현황 - 제20대 국회의원선거 기준

서울(49개), 부산(18개), 대구(12개), 인천(13개), 광주(8개), 대전(7개), 울산(6개), 세종시(1개), 경기(60개), 강원(8개), 충북(8개), 충남(11개), 전북(10개), 전남(10개), 경북(13개), 경남(16개), 제주(3개)

2 비례대표 국회의원

- 비례대표 국회의원 선거에서 비례대표 유효 투표 총수의 100분의 3 이상을 득표하였거나 지역구 국회의원 총선거에서 5석 이상의 의석을 차지한 정당에 대하여 국회의원 비례대표 투표의 득표 비율에 따라 비례대표 국회의원 의석을 배분한다.
- 배분된 의석 수 만큼 비례대표 순위에 따라 국회의원이 된다.
- 비례대표 국회의원은 전국을 단위로 하여 투표하고 전국 총 득표 수에 따라 배분한다.
- 국회의원 정수는 지역구 국회의원과 비례대표 국회의원을 합하여 300인으로 하되, 각 시·도의 지역구 국회의원 정수는 최소 3인으로 한다. 다만, 세종특별자치시의 지역구 국회의원 정수는 1인으로 한다. 현재 비례대표 국회의원 수는 47명이다.

※ 국회의원 선거의 후보자는 후보자의 등록이 끝난 때부터 개표 종료 시까지 사형·무기 또는 장기 5년 이상의 징역이나 금고에 해당하는 죄를 범하였거나 제16장 벌칙에 규정된 죄를 범한 경우를 제외하고는 현행범인이 아니면 체포 또는 구속되지 아니하며, 병역소집의 유예를 받는다.

2 임기

    국회의원의 임기는 4년이며 보궐선거나 재선거 등을 통해 국회
의원이 된 사람은 전임 국회의원의 잔여 임기 기간을 임기로 한다.

3 하는 일

    국회의원이 하는 일 다음과 같다.

1 **입법에 관한 일**

- ■ 헌법 개정 제안 및 의결 : 헌법에 규정된 개정 절차에 따라
  헌법의 일부 조항을 수정, 삭제하거나 새로운 조항을 추가
  하여 헌법의 형식이나 내용에 변경을 가할 수 있다.
- ■ 법률 제정 및 개정 : 국민 생활에 필요한 법을 제정하고 필
  요한 내용을 고칠 수 있다.
- ■ 조약 체결, 비준 동의 : 상호 원조 또는 안전 보장에 관한
  조약, 중요한 국제 조직에 관한 조약, 우호 통상 항해 조약,
  주권의 제약에 관한 조약, 강화조약, 국가나 국민에게 중대
  한 재정적 부담을 지우는 조약 또는 입법 사항에 관한 조약
  의 체결, 비준에 대한 동의권을 가진다.

2 **재정에 관한 일**

- 예산안 심의 확정 : 국회는 정부가 제출한 예산안을 상임위원회의 예비 심사와 예산 결산 특별위원회를 거쳐 본 회의에서 심의 의결하여 정부에 이송한다.

- 결산심사 : 국회는 한 해 국가의 수입, 지출의 실적 심사를 통해 정부의 예산 집행에 대한 정치적 책임을 밝히고, 장래의 재정 계획과 그 운영에 중요한 자료로 활용한다.

- 재정 입법 : 조세 법률 주의에 따라 조세의 종류와 세율뿐 아니라 과세 대상, 과세 표준 납세 의무자, 납세 의무의 한계 등을 법률로써 규정한다.

3 **일반 국정에 관한 일**

- 국정 감사 및 조사 : 국회는 국정 감사와 조사를 통해 국정 운영의 실태를 정확히 파악하고, 입법과 예산심의를 위한 자료를 수집한다.

- 탄핵소추권 : 헌법이나 법률 규정에 의해 일반적인 절차로 파면시키거나 일반 사법 기관에서 소추하기 곤란한 대통령 및 특정 고급공무원의 위법행위에 대한 탄핵의 소추를 의결할 수 있는 권리를 말한다.

- 기타의 권한 : 긴급 명령, 긴급 재정 경제 처분, 명령 승인권, 계엄 해제 요구권, 국무총리,대법원장, 감사원장 임명 동의권 등이 있다.

4 국회 상임위원회 종류, 정원 및 소관 업무

1 **국회운영위원회(28명)**

- 국회 운영에 관한 사항
- 「국회법」 기타 국회규칙에 관한 사항
- 국회사무처 소관에 속하는 사항
- 국회도서관 소관에 속하는 사항
- 국회 예산정책처 소관에 속하는 사항
- 국회 입법조사처 소관에 속하는 사항
- 대통령 비서실, 국가안보실, 대통령 경호실 소관에 속하는 사항
- 국가인권위원회 소관에 속하는 사항

2 **법제사법위원회(17명)**

- 법무부 소관에 속하는 사항
- 법제처 소관에 속하는 사항
- 감사원 소관에 속하는 사항
- 헌법재판소 사무에 관한 사항
- 법원 · 군사법원의 사법행정에 관한 사항
- 탄핵소추에 관한 사항
- 법률안 · 국회규칙안의 체계 · 형식과 자구의 심사에 관한 사항

3 **정무위원회(24명)**

- 국무조정실, 국무총리비서실 소관에 속하는 사항
- 국가보훈처 소관에 속하는 사항
- 공정거래위원회 소관에 속하는 사항
- 금융위원회 소관에 속하는 사항
- 국민권익위원회 소관에 속하는 사항

4 **기획재정위원회(26명)**

- 기획재정부 소관에 속하는 사항
- 한국은행 소관에 속하는 사항

5 **과학기술정보방송통신위원회(24명)**

- 과학기술정보통신부 소관에 속하는 사항
- 방송통신위원회 소관에 속하는 사항
- 원자력안전위원회 소관에 속하는 사항

6 **교육문화체육관광위원회(29명)**

- 교육부 소관에 속하는 사항
- 문화체육관광부 소관에 속하는 사항

7 **외교통일위원회(22명)**

- 외교부 소관에 속하는 사항

- 통일부 소관에 속하는 사항
- 민주평화통일자문회의 사무에 관한 사항

8 국방위원회(17명)
- 국방부 소관에 속하는 사항

9 행정안전위원회(22명)
- 행정안전부 소관에 속하는 사항
- 중앙선거관리위원회 사무에 관한 사항
- 지방자치단체에 관한 사항

10 농림축산식품해양수산위원회(19명)
- 농림축산식품부 소관에 속하는 사항
- 해양수산부 소관에 속하는 사항

11 산업통상자원중소벤처기업위원회(30명)
- 산업통상자원부 소관에 속하는 사항
- 중소기업청, 특허청 소관에 속하는 사항

12 보건복지위원회(22명)
- 보건복지부 소관에 속하는 사항
- 식품의약품안전처 소관에 속하는 사항

13 환경노동위원회(16명)

- 환경부 소관에 속하는 사항
- 고용노동부 소관에 속하는 사항

14 국토교통위원회(31명)

- 국토교통부 소관에 속하는 사항

15 정보위원회(12명)

- 국가정보원 소관에 속하는 사항
- 「국가정보원법」 제3조 제1항 제5호에 규정된 정보 및 보안 업무의 기획·조정 대상부처 소관의 정보예산안과 결산심 사에 관한 사항

16 여성가족위원회(17명)

- 여성가족부 소관에 속하는 사항

제20대 국회의원 정당별 현황

구분	지역구 의원	비례대표 의원	계
더불어민주당	117명	13명	130명
자유한국당	97명	17명	114명
바른미래당	17명	13명	30명
민주평화당	14명	0명	14명
정의당	2명	4명	6명
대한애국당	1명	0명	1명
민중당	1명	0명	1명
무소속	4명	0명	4명
계	253명	47명	300명

지방자치단체장

　　지방자치단체는 광역단체와 기초단체로 나누어지는데 특별시, 광역시, 도가 광역단체이고 시, 군, 구가 기초단체이다. 따라서 자치단체장도 광역자치단체장과 기초단체장으로 구분된다.

 전국 지방자치단체 현황

- 총계 : 244개(광역 17개, 기초 226개)
  서울(25개 구), 부산(15개 구, 1개 군), 대구(7개 구, 1개 군), 인천(8개 구, 2개 군), 광주(5개 구), 대전(5개 구), 울산(4개 구, 1개 군), 세종(자치시), 경기(27개 시, 4개 군), 강원(7개 시, 11개 군), 충북(3개 시, 8개 군), 충남(8개 시, 7개 군), 전북(6개 시, 8개 군), 전남(5개 시, 17개 군), 경북(10개 시, 13개 군), 경남(8개 시, 10개 군), 제주(자치도)
- 기초자치단체 : 74개 시, 84개 군, 69개 군

❶ 선거 방법

지방자치단체장에 입후보하고자 하는 자는 만 25세 이상의 대한민국 국민으로서 단체장에 출마하고 싶은 지역에 60일 이상 주민등록이 되어 있어야 한다.

지방자치단체의 장은 당해 지방자치단체의 관할 구역을 단위로 하여 주민의 보통 · 평등 · 직접 · 비밀선거를 통해 선출한다. 최다 득표자를 당선인으로 결정하는데 만일 후보자가 1인일 경우에는 투표 없이 선거일에 당선된 것으로 본다.

❷ 임기

지방자치단체장은 광역, 기초에 상관없이 모두 임기가 4년이며 보궐선거로 당선된 자는 전임 단체장의 잔여임기로 한다.

지방자치단체장은 계속해서 3번 이상을 할 수 없으며 취임 시에 다음과 같은 선서를 한다.

"나는 법령을 준수하고 주민의 복리증진 및 지역사회의 발전과 국가시책의 구현을 위하여 시 · 도지사(시장 · 군수 · 구청장)로서의 직책을 성실히 수행할 것을 엄숙히 선서합니다."

지방자치단체 장은 다음의 일을 한다.

- 지방자치단체장은 당해 지방자치단체를 대표하며 지방자치
  단체의 사무를 통괄한다. 동시에 국가사무를 위임받아 처리
  하는데 국가사무는 특별한 규정이 없는 한 지방자치단체에
  위임하여 추진한다.

- 지방자치단체장은 지방자치단체의 장은 조례나 규칙으로
  정하는 바에 따라 그 권한에 속하는 사무의 일부를 보조기
  관, 소속 행정기관 또는 하부행정기관에 위임할 수 있다.
  또한 조례나 규칙으로 정하는 바에 따라 그 권한에 속하는
  사무의 일부를 관할 지방자치단체나 공공단체 또는 그 기
  관(사업소·출장소를 포함한다)에 위임하거나 위탁할 수 있다.
  이때 위임하는 자치단체와 위임 받는 자치단체 간에 규약
  을 정하고 상급 행정기관에 보고하여야 한다.

- 직무이행 명령과 자치사무 감사권
  지방자치단체의 장이 법령의 규정에 따라 그 의무에 속하
  는 국가위임사무나 시·도위임사무의 관리와 집행을 명백
  히 게을리하고 있다고 인정되면 시·도에 대하여는 주무부
  장관이, 시·군 및 자치구에 대하여는 시·도지사가 기간

을 정하여 서면으로 이행할 사항을 명령할 수 있다.

주무부장관이나 시·도지사는 해당 지방자치단체의 장이 직무이행 명령을 이행하지 아니하면 그 지방자치단체의 비용부담으로 대집행하거나 행정상·재정상 필요한 조치를 할 수 있다. 이 경우 행정대집행에 관하여는 「행정대집행법」을 준용한다.

그러나 만일 이 명령을 받은 지방자치단체의 장이 이행명령에 이의가 있으면 이행명령서를 접수한 날부터 15일 이내에 대법원에 소를 제기할 수 있다. 이 경우 지방자치단체의 장은 이행명령의 집행을 정지하게 하는 집행정지 결정을 신청할 수 있다.

또한 안전행정부장관이나 시·도지사는 지방자치단체의 자치사무에 관하여 보고를 받거나 서류·장부 또는 회계를 감사할 수 있다. 이 경우 감사는 법령위반사항에 대하여만 실시한다. 따라서 안전행정부장관 또는 시·도지사는 제1항에 따라 감사를 실시하기 전에 해당 사무의 처리가 법령에 위반되는지 여부 등을 확인하여야 한다.

■ 규칙 제정권

지방자치단체의 장은 법령이나 조례가 위임한 범위에서 그 권한에 속하는 사무에 관하여 규칙을 제정할 수 있다. 그러나 상급 행정기관의 조례나 규칙에 위배되어서는 안 된다.

규칙은 지방자치단체장이 지방자치법 등이 정하는 바에 따라 제정하는 법규범으로 공포한 날로부터 20일이 지나면 효력을 발생한다.

■ 지방자치단체장은 소속 직원을 지휘·감독하고 법령과 조례·규칙으로 정하는 바에 따라 그 임면·교육훈련·복무·징계 등에 관한 사항을 처리한다.

■ 지방자치단체장은 의결정족수에 미달 등으로 지방의회가 성립되지 아니한 때와 지방의회의 의결사항 중 주민의 생명과 재산보호를 위하여 긴급하게 필요한 사항으로서 지방의회를 소집할 시간적 여유가 없거나 지방의회에서 의결이 지체되어 의결되지 아니할 때에는 먼저 조치를 취할 수 있다. 이를 선결처분(先決處分)이라 하는데 선결처분은 지체 없이 지방의회에 보고하여 승인을 받아야 한다.
만일 지방의회의 승인을 받지 못하면 그 선결처분은 그때부터 효력을 상실한다.

■ 지방자치단체장은 지방의회의 의결이 월권이거나 법령에 위반되거나 공익을 현저히 해친다고 인정되면 그 의결사항을 이송 받은 날부터 20일 이내에 이유를 붙여 재의를 요구할 수 있다. 재의한 결과 지방의회 재적의원 과반수의 출

석과 출석의원 3분의 2 이상의 찬성으로 전과 같은 의결을
하면 그 의결사항은 확정된다.

그러나 재의결된 사항에 대해 지방자치단체장이 계속하여
법령에 위반된다고 생각하면 대법원에 소(訴)를 제기할 수
있다.

■ 지방자치단체장은 지방의회의 의결이 예산상 집행할 수 없
는 경비를 포함하고 있다고 인정되면 그 의결사항을 이송
받은 날부터 20일 이내에 이유를 붙여 재의를 요구할 수
있다.

또한 법령에 따라 지방자치단체가 의무적으로 부담하여야
할 경비나 비상재해로 인한 시설의 응급 복구를 위하여 필
요한 경비를 축소한 결의를 했을 때에도 20일 이내에 이유
를 붙여 재의를 요구할 수 있다.

■ 지방자치단체장은 법률로 정하는 바에 따라 지방채를 발행
할 수 있으며 지방자치단체의 채무부담의 원인이 될 계약
의 체결이나 그 밖의 행위를 할 수 있다.

■ 지방자치단체장은 회계연도마다 예산안을 편성하여 시 ·
도는 회계연도 시작 50일 전까지, 시 · 군 및 자치구는 회계

연도 시작 40일 전까지 지방의회에 제출하여야 한다.

시 · 도의회에서는 회계연도 시작 15일 전까지, 시 · 군 및 자치구의회에서는 회계연도 시작 10일 전까지 의결하여야 하여야 하며 지방자치단체장의 동의 없이 지출예산 각 항의 금액을 증가하거나 새로운 비용항목을 설치할 수 없다.

지방자치단체장은 예산안을 제출한 후 부득이한 사유로 그 내용의 일부를 수정하려면 수정예산안을 작성하여 지방의회에 다시 제출할 수 있다.

■ 지방자치단체장은 예산을 변경할 필요가 있으면 추가경정 예산안을 편성하여 지방의회의 의결을 받아야 한다.

■ 지방자치단체장은 지방의회에서 의결된 조례안을 이송받으면 20일 이내에 공포하여야 한다. 그러나 지방자치단체장이 이송받은 조례안에 대하여 이의가 있으면 이유를 붙여 지방의회로 환부(還付)하고, 재의(再議)를 요구할 수 있다. 이 경우 지방자치단체의 장은 조례안의 일부에 대하여 또는 조례안을 수정하여 재의를 요구할 수 없다.

재의요구를 받은 지방의회가 재의에 부쳐 재적의원 과반수의 출석과 출석의원 3분의 2 이상의 찬성으로 전과 같은 의결을 하면 그 조례안은 조례로서 확정된다.

■ 지방자치단체장은 주민에게 과도한 부담을 주거나 중대한 영향을 미치는 지방자치단체의 주요 결정사항 등에 대하여 주민투표에 부칠 수 있다.

지방자치의원

지방자치의원은 광역자치단체인 시 · 도의원이 있고 기초자치 단체인 시 · 군 · 구 의원이 있다.

또한 선거구 별로 선출되는 지역구 의원이 있고 비례대표로 선출되는 비례대표 의원이 있다.

　　지방자치의원에 입후보하고자 하는 자는 만 25세 이상의 대한 민국 국민으로서 지방의원에 출마하고 싶은 지역에 60일 이상 주 민등록이 되어 있어야 한다.

　　지방자치의원은 관할 선거구역을 단위로 하여 주민의 보통 · 평등 · 직접 · 비밀선거를 통해 선출한다.

- 시 · 도의원의 정수는 관할 지역 내의 시 · 군 · 자치구 수의 2배수로 하며 기초자치단체는 최소한 1명 이상의 시 · 도 의원을 가져야 한다. 그리고 시 · 도의원 정수가 계산에 의 하여 19명 미만일 경우에는 19명으로 한다.

　비례대표 시 · 도의원 정수는 지역구시 · 도의원 정수의 100분의 10으로 한다. 이 경우 단수는 1로 본다. 다만, 산정 된 비례대표 시 · 도의원 정수가 3인 미만인 때에는 3인으 로 한다.

- 자치구 · 시 · 군의회의 최소 정수는 7인으로 하며 비례대 표 자치구 · 시 · 군의원 정수는 자치구 · 시 · 군의원 정수 의 100분의 10으로 한다. 이 경우 단수는 1로 본다.

　자치구 · 시 · 군의원 지역구에서 선출할 지역구 자치구 · 시 · 군의원 정수는 2인 이상 4인 이하로 하며, 그 자치구 ·

시 · 군의원지역구의 명칭 · 구역 및 의원정수는 시 · 도 조례로 정한다.

 시 도 광역자치단체 의회 지역구 의원수(705명)

서울특별시(96명), 부산광역시(42명), 대구광역시(27명), 인천광역시(31명), 광주광역시(19명), 대전광역시(19명), 울산광역시(19명), 경기도(116명), 강원도(40명), 충청북도(28명), 충청남도(36명), 전라북도(34명), 전라남도(52명), 경상북도(54명), 경상남도(50명), 제주특별자치도(29명)

기초자치단체 의원 총수(2,898명)

서울특별시(419명), 부산광역시(182명), 대구광역시(116명), 인천광역시(116명), 광주광역시(68명), 대전광역시(63명), 울산광역시(50명), 경기도(431명), 강원도(169명), 충청북도(131명), 충청남도(169명), 전라북도(197명), 전라남도(243명), 경상북도(284명), 경상남도(260명)

■ 지역구 시·도의원 및 지역구 자치구·시·군의원의 선거에 있어서는 선거구선거관리위원회가 당해 선거구에서 유효투표의 다수를 얻은 자와 지역구 자치구·시·군의원 선거에 있어서는 유효투표의 다수를 얻은 자 순으로 의원 정수에 이르는 자를 당선인으로 결정한다. 다만, 최고득표자가 2인 이상인 때에는 연장자순에 의하여 당선인을 결정한다.

후보자 등록 마감시각에 후보자가 당해 선거구에서 선거할 의원정수를 넘지 아니하거나 후보자 등록 마감 후 선거일 투표 개시 시각까지 후보자가 사퇴·사망하거나 등록이 무효로 되어 후보자수가 당해 선거구에서 선거할 의원 정수를 넘지 아니하게 된 때에는 투표를 실시하지 아니하고, 선거일에 그 후보자를 당선인으로 결정한다.

■ 비례대표 지방의회 의원선거에 있어서는 당해 선거구 선거
관리위원회가 유효 투표총수의 100분의 5 이상을 득표한
각 정당에 대하여 당해 선거에서 얻은 득표 비율에 비례대
표 지방의회의원 정수를 곱하여 산출된 수의 정수의 의석
을 그 정당에 먼저 배분한다.

선거의 후보자는 후보자의 등록이 끝난 때부터 개표 종료
시까지 사형 · 무기 또는 장기 5년 이상의 징역이나 금고에
해당하는 죄를 범하였거나 공직선거법 제16장 벌칙에 규
정된 죄를 범한 경우를 제외하고는 현행범인이 아니면 체
포 또는 구속되지 아니하며, 병역소집의 유예를 받는다.

2 임기

지방자치단체의원은 광역, 기초에 상관없이 모두 임기가 4년
이며 보궐선거로 당선된 자는 전임 단체장의 잔여임기로 한다.

그러나 잔여 임기가 1년 미만인 경우에는 보궐선거를 실시하
지 않을 수도 있다.

3 하는 일

■ **의결 사항**

1. 조례의 제정 · 개정 및 폐지

2. 예산의 심의 · 확정

3. 결산의 승인

4. 법령에 규정된 것을 제외한 사용료 · 수수료 · 분담금 ·
   지방세 또는 가입금의 부과와 징수

5. 기금의 설치 · 운용

6. 대통령령으로 정하는 중요 재산의 취득 · 처분

7. 대통령령으로 정하는 공공시설의 설치 · 처분

8. 법령과 조례에 규정된 것을 제외한 예산 외의 의무부담
   이나 권리의 포기

9. 청원의 수리와 처리

10. 외국 지방자치단체와의 교류협력에 관한 사항

11. 그 밖에 법령에 따라 그 권한에 속하는 사항

② 지방자치단체는 제1항의 사항 외에 조례로 정하는 바에 따라 지방의회에서 의결되어야 할 사항을 따로 정할 수 있다.

- **서류제출요구**

  본회의나 위원회는 그 의결로 안건의 심의와 직접 관련된 서류의 제출을 해당 지방자치단체의 장에게 요구할 수 있다.

- **행정사무 감사권 및 조사권**

  지방의회는 매년 1회 그 지방자치단체의 사무에 대하여 시·도에서는 14일의 범위에서, 시·군 및 자치구에서는 9일의 범위에서 감사를 실시하고, 지방자치단체의 사무 중 특정 사안에 관하여 본회의 의결로 본회의나 위원회에서 조사하게 할 수 있다.

  지방의회는 본회의의 의결로 감사 또는 조사 결과를 처리한다.

- **의회규칙 제정**

  지방의회 내부운영에 관하여 필요한 사항을 규칙으로 정할 수 있다.

교육감

교육감은 주민의 보통 · 평등 · 직접 · 비밀선거에 따라 시 · 도 단위로 선출한다.

시장이나 도지사의 경우와 다르게 교육감은 정당에서 공천할 수 없으며 오히려 정당과 관련 없는 것이 바람직하다.

1 교육감 입후보 자격

- 교육감후보자가 되려는 사람은 당해 시 · 도지사의 피선거권이 있는 사람으로서 후보자 등록신청 개시일부터 과거 1년 동안 정당의 당원이 아닌 사람이어야 한다.

- 교육감후보자가 되려는 사람은 후보자 등록신청 개시일을 기준으로 다음 중 어느 하나에 해당하는 경력이 3년 이상 있거나 합한 경력이 3년 이상 있는 사람이어야 한다.
  1. 교육경력 : 유치원, 초 · 중 · 고등학교 및 대학(이와 동등한 학력이 인정되는 교육기관 또는 평생교육시설로서 다른 법률에 따라 설치된 교육기관 또는 평생교육시설을 포함한다)에서 교원으로 근무한 경력
  2. 교육행정경력 : 국가 또는 지방자치단체의 교육기관에

서 국가공무원 또는 지방공무원으로 교육 · 학예에 관한 사무에 종사한 경력, 또는 교육기관, 교육행정기관 또는 교육연구기관에 근무하는 장학관 및 장학사, 교육연구관 및 교육연구사 등의 교육공무원으로 근무한 경력

2 임기

교육감 임기는 4년이며 보궐선거로 당선된 자는 전임 교육감의 잔여임기로 한다.

교육감은 계속해서 3번 이상을 할 수 없다.

3 하는 일

- 교육감은 교육 · 학예에 관한 소관 사무로 인한 소송이나 재산의 등기 등에 대하여 당해 시 · 도를 대표한다.

- 국가행정사무 중 시 · 도에 위임하여 시행하는 사무로서 교육 · 학예에 관한 사무는 교육감에게 위임하여 행한다.

- 교육감은 교육 · 학예에 관한 다음의 사항에 관한 사무를

관장한다.

1. 조례안의 작성 및 제출에 관한 사항
2. 예산안의 편성 및 제출에 관한 사항
3. 결산서의 작성 및 제출에 관한 사항
4. 교육규칙의 제정에 관한 사항
5. 학교, 그 밖의 교육기관의 설치 · 이전 및 폐지에 관한 사항
6. 교육과정의 운영에 관한 사항
7. 과학 · 기술교육의 진흥에 관한 사항
8. 평생교육, 그 밖의 교육 · 학예진흥에 관한 사항
9. 학교체육 · 보건 및 학교환경정화에 관한 사항
10. 학생통학구역에 관한 사항
11. 교육 · 학예의 시설 · 설비 및 교구(敎具)에 관한 사항
12. 재산의 취득 · 처분에 관한 사항
13. 특별부과금 · 사용료 · 수수료 · 분담금 및 가입금에 관한 사항
14. 기채(起債) · 차입금 또는 예산 외의 의무부담에 관한 사항
15. 기금의 설치 · 운용에 관한 사항
16. 소속 국가공무원 및 지방공무원의 인사관리에 관한 사항
17. 그 밖에 당해 시 · 도의 교육 · 학예에 관한 사항과 위임된 사항

- 교육감의 선결처분 : 교육감은 소관 사무 중 시 · 도의회의

의결을 요하는 사항에 대하여 다음의 어느 하나에 해당하는 경우에는 선결처분을 할 수 있다.

1. 시 · 도의회가 성립되지 아니한 때
2. 학생의 안전과 교육기관 등의 재산보호를 위하여 긴급하게 필요한 사항으로서 시 · 도의회가 소집될 시간적 여유가 없거나 시 · 도의회에서 의결이 지체되어 의결되지 아니한 때

교육감의 선결처분은 지체 없이 시 · 도의회에 보고하여 승인을 얻어야 하며 승인을 얻지 못한 때에는 그 선결처분은 그 때부터 효력을 상실한다.

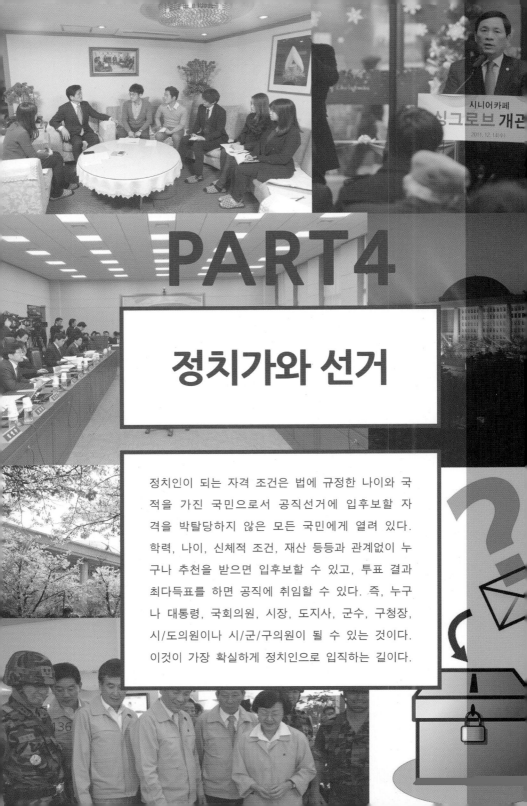

PART4

정치가와 선거

정치인이 되는 자격 조건은 법에 규정한 나이와 국적을 가진 국민으로서 공직선거에 입후보할 자격을 박탈당하지 않은 모든 국민에게 열려 있다. 학력, 나이, 신체적 조건, 재산 등등과 관계없이 누구나 추천을 받으면 입후보할 수 있고, 투표 결과 최다득표를 하면 공직에 취임할 수 있다. 즉, 누구나 대통령, 국회의원, 시장, 도지사, 군수, 구청장, 시/도의원이나 시/군/구의원이 될 수 있는 것이다. 이것이 가장 확실하게 정치인으로 입직하는 길이다.

1 선거와 관련된 제도 및 정책

선거관리위원회의 역할

> **1** 선거관리위원회의 성격

선거관리위원회는 선거와 국민투표의 공정한 관리, 정당 및 정치자금에 관한 사무를 처리하기 위하여 설치된 국가기관으로 국회·정부·법원·헌법재판소와 같은 지위를 갖는 독립된 헌법기관이다.

따라서 선거관리위원회 위원은 특정 정당에 가입하거나 정치활동 또는 정치에의 관여를 금지하여 중립성을 유지하고, 헌법과 법률로 임기와 신분을 확고히 보장하여 외부의 간섭과 영향을 배

제함으로써 직무의 공정성을 최대한 보장하는 것을 목적으로 한다

② 선거관리위원회의 조직과 현황

- 중앙선거관리위원회 : 1개
- 시/도선거관리위원회 : 17개
- 구/시/군 선거관리위원회 : 250개
- 읍/면/동 선거관리위원회 : 3,481개

※ 임기 만료로 인한 대통령 및 국회의원 선거 시에 재외 공관에 한시적으로 재외

선거관리위원회를 설치 운영한다.

3 선거관리위원회의 역할

■ 중앙선거관리위원회는 선거사무를 통할·관리하며, 하급 선거관리위원회 및 재외선거관리위원회와 재외투표관리관의 위법·부당한 처분에 대하여 이를 취소하거나 변경할 수 있다.
대통령선거 및 비례대표 전국 선거구 국회의원선거의 선거구 선거사무를 관장한다.

■ 시·도선거관리위원회는 지방의회의원 및 지방자치단체의 장의 선거에 관한 하급선거관리위원회의 위법·부당한 처분에 대하여 이를 취소하거나 변경할 수 있다.
특별시장·광역시장·도지사 선거와 비례대표 선거구 시·도의회의원 선거의 선거구 선거사무를 관장한다.

■ 구·시·군선거관리위원회는 당해 선거에 관한 하급선거관리위원회의 위법·부당한 처분에 대하여 이를 취소하거나 변경할 수 있다.
지역선거구 국회의원 선거, 지역선거구 시·도의회의원 선거, 지역선거구 자치구·시·군의회의원 선거, 비례대표선거구 자치구·시·군의회의원 선거 및 자치구의 구청장·시장·군수 선거의 선거구 선거사무를 관장한다.

용어설명

선거구 선거사무

"선거구 선거사무"라 함은 선거에 관한 사무 중 후보자 등록 및 당선인 결정 등과 같이 당해 선거구를 단위로 행하여야 하는 선거사무

※ 구·시·군 선거관리위원회 또는 읍·면·동 선거관리위원회가 천재·지변 기타 부득이한 사유로 그 기능을 수행할 수 없는 때에는 직근 상급선거관리위원회는 직접 또는 다른 선거관리위원회로 하여금 당해 선거관리위원회의 기능이 회복될 때까지 그 선거사무를 대행하거나 대행하게 할 수 있다. 다른 선거관리위원회로 하여금 대행하게 하는 경우에는 대행할 업무의 범위도 함께 정하여야 하며 대행할 선거관리위원회와 그 업무의 범위를 지체없이 공고하고, 상급선거관리위원회에 보고하여야 한다.

선거자금과 보상

■ "선거비용"이라 함은 당해 선거에서 선거운동을 위하여 소요되는 금전·물품 및 채무 그 밖에 모든 재산상의 가치가 있는 것으로서 당해 후보자가 부담하는 비용과 다음에 해당되는 비용을 말한다.

1. 후보자가 공직선거법에 위반되는 선거운동을 위하여 지출한 비용과 기부행위제한규정을 위반하여 지출한 비용
2. 정당, 정당선거사무소의 소장, 후보자의 배우자 및 직계존비속, 선거사무장·선거연락소장·회계책임자가 해당 후보자의 선거운동을 위하여 지출한 비용과 기부행위제한규정을 위반하여 지출한 비용
3. 선거사무장·선거연락소장·회계책임자로 선임된 사람이 선임·신고되기 전까지 해당 후보자의 선거운동을 위하여 지출한 비용과 기부행위제한규정을 위반하여 지출한 비용
4. 누구든지 후보자, 위의 2항 또는 3항에 규정된 자와 통모하여 해당 후보자의 선거운동을 위하여 지출한 비용과 기부행위제한규정을 위반하여 지출한 비용

선거비용으로 인정되지 아니하는 비용

1. 선거권자의 추천을 받는데 소요된 비용 등 선거운동을 위한 준비에 소요되는 비용

2. 정당의 후보자 선출대회 비용 기타 선거와 관련한 정당 활동에 소요되는 정당 비용

3. 선거에 관하여 국가 · 지방자치단체 또는 선거관리위원회에 납부하거나 지급하는 기탁금과 모든 납부금 및 수수료

4. 선거사무소와 선거연락소의 전화료 · 전기료 및 수도료 기타의 유지비로서 선거기간 전부터 정당 또는 후보자가 지출하여 온 경비

5. 선거사무소와 선거연락소의 설치 및 유지 비용

6. 정당, 후보자, 선거사무장, 선거연락소장, 선거사무원, 회계책임자, 연설원 및 대담 · 토론자가 승용하는 자동차의 운영 비용

7. 제삼자가 정당 · 후보자 · 선거사무장 · 선거연락소장 또는 회계책임자와 통모함이 없이 특정 후보자의 선거운동을 위하여 지출한 전신료 등의 비용

8. 선거일 후에 지출 원인이 발생한 잔무 정리 비용

1 **선거비용 제한액 계산 방법**(100만원 미만의 액수는 100만원으로 한다)

- **대통령 선거**

  인구수×950원

- **지역구 국회의원 선거**

  1억원 + (인구수×200원) + (읍 · 면 · 동수×200만원)

- **비례대표 국회의원 선거**

  인구수× 90원

- **지역구 시 · 도의원선거**

  4천만원 + (인구수×100원)

- **비례대표 시 · 도의원선거**

  4천만원 + (인구수×50원)

- **시 · 도지사선거**

  가. 특별시장 · 광역시장 선거

    4억원(인구수 200만 미만인 때에는 2억원) + (인구수×

    300원)

  나. 도지사 선거

8억원(인구수 100만 미만인 때에는 3억원) + (인구수×
250원)

■ **지역구 자치구 · 시 · 군의원 선거**

3천5백만원 + (인구수×100원)

■ **비례대표 자치구 · 시 · 군의원 선거**

3천5백만원 + (인구수×50원)

■ **자치구 · 시 · 군의 장 선거**

9천만원 + (인구수×200원) + (읍 · 면 · 동수×100만원)

※ 전국소비자물가변동률을 감안하여 선거비용 제한액을 증감할 수 있다. 이 경
우 그 제한액산정비율은 관할선거구선거관리위원회가 해당 선거 때마다 정한다.

선거구선거관리위원회는 선거별로 선거비용 제한액의 산정
규정에 의하여 산정한 선거비용제한액을 중앙선거관리위원회규칙
이 정하는 바에 따라 공고하여야 한다.

2 선거비용의 보전

선거관리위원회는 선거비용 제한액의 범위 안에서 정당하게 지출된 선거비용은 대통령선거 및 국회의원선거에 있어서는 국가의 부담으로, 지방자치단체의 의회의원 및 장의 선거에 있어서는 당해 지방자치단체의 부담으로 선거일 후 다음과 같이 갚아준다.

1. 대통령 선거, 지역구 국회의원 선거, 지역구 지방의회의원 선거 및 지방자치단체장 선거
   가. 후보자가 당선되거나 사망한 경우 또는 후보자의 득표수가 유효투표총수의 100분의 15 이상인 경우 : 후보자가 지출한 선거비용의 전액
   나. 후보자의 득표수가 유효투표총수의 100분의 10 이상 100분의 15 미만인 경우 : 후보자가 지출한 선거비용의 100분의 50에 해당하는 금액
2. 비례대표 국회의원 선거 및 비례대표 지방의회의원 선거 후보자명부에 올라 있는 후보자 중 당선인이 있는 경우에 당해 정당이 지출한 선거비용의 전액

3 선거사무관계자에 대한 수당과 실비보상

선거사무장 · 선거연락소장 · 선거사무원 · 활동보조인 및 회계책임자에 대하여는 수당과 실비를 지급할 수 있다. 다만, 정당의 유급사무직원, 국회의원과 그 보좌관 · 비서관 · 비서 또는 지방의회의원이 선거사무장등을 겸한 때에는 실비만을 보상할 수 있으며, 후보자 등록신청 개시일부터 선거기간 개시일 전일까지는 후보자로서 신고한 선거사무장등에게 수당과 실비를 지급할 수 없다.

수당과 실비의 종류와 금액은 중앙선거관리위원회가 정한다.

이외에 수당 · 실비 기타 자원봉사에 대한 보상 등 명목여하를 불문하고 누구든지 선거운동과 관련하여 금품 기타 이익의 제공 또는 그 제공의 의사를 표시하거나 그 제공의 약속 · 지시 · 권유 · 알선 · 요구 또는 수령할 수 없다.

4 기탁금

후보자등록을 신청하는 자는 등록신청 시에 다음과 같은 기탁금을 관할선거구선거관리위원회에 납부하여야 한다. 이 경우 예비후보자가 해당 선거의 같은 선거구에 후보자등록을 신청하는 때에는 이미 납부한 기탁금을 제외한 나머지 금액을 납부하여야 한다.

1. 대통령선거는 3억원

2. 국회의원선거는 1천500만원

3. 시·도의회의원선거는 300만원

4. 시·도지사선거는 5천만원

5. 자치구·시·군의 장 선거는 1천만원

6. 자치구·시·군의원선거는 200만원

5 기탁금의 반환

관할선거구선거관리위원회는 기탁금을 다음과 같이 선거일 후 30일 이내에 기탁자에게 반환한다. 이 경우 반환하지 아니하는 기탁금은 국가 또는 지방자치단체에 귀속한다.

1. 대통령 선거, 지역구 국회의원 선거, 지역구 지방의회의원 선거 및 지방자치단체장 선거

   가. 후보자가 당선되거나 사망한 경우와 유효투표총수의 100분의 15 이상을 득표한 경우에는 기탁금 전액

   나. 후보자가 유효투표총수의 100분의 10 이상 100분의 15 미만을 득표한 경우에는 기탁금의 100분의 50에 해당하는 금액

   다. 예비후보자가 사망하거나 후보자로 등록될 수 없는 경

우에는 납부한 기탁금 전액

2. 비례대표 국회의원 선거 및 비례대표 지방의회의원 선거

당해 후보자명부에 올라 있는 후보자 중 당선인이 있는 때에
기탁금 전액.

선거 운동 방법

선거운동 기구와 직원 수

선거운동 및 그 밖의 선거에 관한 사무를 처리하기 위하여 정당 또는 후보자는 다음과 같이 선거사무소와 선거연락소를, 예비후보자는 선거사무소를, 정당은 중앙당 및 시·도당의 사무소에 선거대책기구 각 1개씩을 설치할 수 있다.

1 선거사무소 및 연락소

■ **대통령선거**

정당 또는 후보자가 설치하며, 선거사무소 1개소와 시·도 및 구·시·군마다 선거연락소 1개소

■ **지역구 국회의원선거**

후보자가 설치하며, 당해 국회의원 지역구 안에 선거사무소 1개소.

■ **비례대표 국회의원 선거 및 비례대표 지방의회의원 선거**

정당이 설치하며, 선거사무소 1개소

■ **지역구 지방의회의원 선거**

후보자가 설치하며, 당해 선거구 안에 선거사무소 1개소

■ **시·도지사 선거**

후보자가 설치하며, 당해 시·도 안에 선거사무소 1개소와 당해 시·도 안의 구·시·군마다 선거연락소 1개소

■ **자치구·시·군의 장 선거**

후보자가 설치하며, 당해 자치구·시·군 안에 선거사무소

1개소.

② 정당선거사무소의 설치

정당은 선거에 있어서 당해 선거에 관한 정당의 사무를 처리하기 위하여 다음과 같이 정하는 날부터 선거일 후 30일까지 선거구 안에 있는 구·시·군마다 1개소의 정당선거사무소를 설치할 수 있다. 정당선거사무소에는 당원 중에서 소장 1인을 두어야 하며, 2인 이내의 유급 사무직원을 둘 수 있다.

- **대통령선거**
  선거일 전 240일

- **국회의원 선거 및 시·도지사 선거**
  선거일 전 120일

- **지방의회의원 선거 및 자치구·시·군의 장 선거**
  선거기간개시일 전 60일

- 선거사무소와 선거연락소를 설치한 자는 선거운동을 할 수 있는 자중에서 선거사무소에 선거사무장 1인을, 선거연락소에 선거연락소장 1인을 두어야 한다.

- 선거사무장 또는 선거연락소장은 선거에 관한 사무를 처리하기 위하여 선거운동을 할 수 있는 자중에서 다음과 같이 유급 선거사무원을 둘 수 있다.

1. 대통령 선거

   선거사무소에 시·도수의 6배수 이내, 시·도 선거연락소에 당해 시·도안의 구·시·군 수 이내, 구·시·군 선거연락소에 당해 구·시·군안의 읍·면·동수 이내의 직원

2. 지역구 국회의원 선거 및 자치구·시·군의 장 선거

   선거사무소와 선거연락소를 두는 구·시·군 안의 읍·면·동수의 3배수에 5를 더한 수 이내의 직원

3. 비례대표 국회의원 선거

   선거사무소에 시·도수의 2배수 이내의 직원

4. 지역구 시·도의원 선거

   선거사무소에 10인 이내의 직원

5. 비례대표 시·도의원선거

선거사무소에 당해 시 · 도 안의 구 · 시 · 군의 수 이내의 직원

6. 시 · 도지사 선거

   선거사무소에 당해 시 · 도안의 구 · 시 · 군의 수 이내와 선
   거연락소에 당해 구 · 시 · 군안의 읍 · 면 · 동수 이내의 직원

7. 지역구 자치구 · 시 · 군의원 선거

   선거사무소에 8명 이내

8. 비례대표 자치구 · 시 · 군의원 선거

   선거사무소에 당해 자치구 · 시 · 군 안의 읍 · 면 · 동수 이
   내의 직원

선거 공약

　　선거 후보자가 유권자인 국민들에게 당선되었을 때 실천하게 다고 약속하는 주요 정책을 공약이라고 하는데 유권자가 원하는 정책을 만들어 지지를 유도하는데 사용된다. 이러한 정책은 취임 후에 가장 우선적으로 집행되기 때문에 국민들에게 직접적인 영향을 미칠 수 있다.

　　그래서 후보자들이 유권자들의 지지를 받기 위하여 경쟁적으로 공약을 만들다 보니 너무 많은 예산을 필요로 하거나 혹은 실현 가능성이 적은 공약이 난무하여 당선 후에 공약을 이행하지 않거나 변경하는 사례가 발생하여 사회문제화 되기도 했다. 이에 오늘날에는 메니페스토 선거공약을 선호하게 되었다.

　　메니페스토 선거공약이라는 것은 당선되면 이런이런 일을 하겠다고 추상적인 생각으로만 말하지 않고 정책을 구체적으로 기획하고, 이를 객관적으로 검증할 수 있는 지표를 제시하고, 현행 법령이나 예산으로 충분히 실현 가능성이 있음을 입증하며, 지역이나 시기적으로 적절함을 역설함과 동시에 이를 순차적으로 실천할 수 있는 과정까지 아주 현실적이고 구체적인 선거공약을 말한다.

　　그래서 선거공약을 만들 때에는 전문가들의 도움과 조언이 절대적으로 필요하다고 하겠다.

1 선거 공약서

- 대통령 선거 및 지방자치단체의 장 선거의 후보자는 선거
  운동을 위하여 선거공약 및 그 추진계획을 게재한 인쇄물
  1종을 작성할 수 있다.

- 선거공약서에는 선거공약 및 이에 대한 추진계획으로 각
  사업의 목표 · 우선순위 · 이행절차 · 이행기한 · 재원조달
  방안을 게재하여야 하며, 다른 정당이나 후보자에 관한 사
  항을 게재할 수 없다. 이 경우 후보자의 성명 · 기호와 선거
  공약 및 그 추진계획에 관한 사항 외의 후보자의 사진 · 학
  력 · 경력, 그 밖에 홍보에 필요한 사항은 인쇄물 전체 면수
  중 1면 이내에서 게재할 수 있다.

- 선거공약서는 대통령 선거에 있어서는 32면 이내로, 시 ·
  도지사선거에 있어서는 16면 이내로, 자치구 · 시 · 군의 장
  선거에 있어서는 12면 이내로 작성한다.

- 선거공약서의 수량은 해당 선거구 안에 있는 세대수의 100
  분의 10에 해당하는 수 이내로 한다.

- 후보자와 그 가족, 선거사무장, 선거연락소장, 선거사무원,

회계책임자 및 후보자와 함께 다니는 활동보조인은 선거공약서를 배부할 수 있다. 다만, 우편발송 · 호별방문이나 살포의 방법으로 선거공약서를 배부할 수 없다.

■ 후보자가 선거공약서를 배부하고자 하는 때에는 배부일 전일까지 2부를 첨부하여 작성 수량 · 작성 비용 및 배부 방법 등을 관할 선거구 선거관리위원회에 서면으로 신고하여야 하며, 배부 전까지 배부할 지역을 관할하는 구 · 시 · 군 선거관리위원회에 각 2부를 제출하여야 한다.

■ 선거공약서의 규격, 작성근거 등의 표시, 신고 및 제출 그밖의 필요한 사항은 중앙선거관리위원회규칙으로 정한다.

선거 홍보 활동

후보자는 다음과 같은 방법으로 선거 홍보를 할 수 있다.

1   선거벽보

선거운동에 사용하는 선거벽보에는 후보자의 사진 · 성명 · 기호 · 정당추천후보자의 소속정당명 · 경력(학력을 게재하는 경우에는 정규학력과 이에 준하는 외국의 교육과정을 이수한 학력외에는 게재할 수 없다) · 정견 및 소속정당의 정강 · 정책 그 밖의 홍보에 필요한 사항을 게재하여 동에 있어서는 인구 500명에 1매, 읍에 있어서는 인구 250명에 1매, 면에 있어서는 인구 100명에 1매의 비율을 한도로 작성 · 첨부한다.

2   선거공보

후보자는 선거운동을 위하여 책자형 선거공보 1종을 작성할 수 있다. 이 경우 비례대표 국회의원 선거 및 비례대표 지방의회의원 선거에서는 중앙선거관리위원회규칙으로 정하는 바에 따라 해당 정당이 추천한 후보자 모두의 사진 · 성명 · 학력 · 경력을 게재하여야 한다.

책자형 선거공보는 대통령선거에 있어서는 16면 이내로, 국회의원선거 및 지방자치단체의 장선거에 있어서는 12면 이내로, 지방의회의원선거에 있어서는 8면 이내로 작성하고, 전단형 선거공보는 1매(양면에 게재할 수 있다)로 작성한다.

③ 선거공약서

선거운동을 위하여 선거공약 및 그 추진계획을 게재한 인쇄물 1종을 작성할 수 있다.

4 **현수막**

후보자는 선거운동을 위하여 당해 선거구안의 읍·면·동 수의 2배 이내의 현수막을 게시할 수 있다.

5 **어깨띠 등 소품**

후보자와 그 배우자, 선거사무장, 선거연락소장, 선거사무원, 후보자와 함께 다니는 활동보조인 및 회계책임자는 선거운동기간 중 후보자의 사진·성명·기호 및 소속 정당명, 그 밖의 홍보에 필요한 사항을 게재한 어깨띠나 중앙선거관리위원회규칙으로 정하는 규격 또는 금액 범위의 윗옷(上衣)·표찰(標札)·수기(手旗)·마스코트, 그 밖의 소품을 붙이거나 입거나 지니고 선거운동을 할 수 있다.

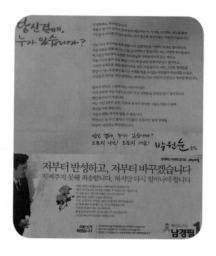

선거운동을 위한 신문광고는 후보자가 다음과 같이 선거기간 개시일부터 선거일 전 2일까지 소속정당의 정강·정책이나 후보자의 정견, 정치자금모금(대통령선거에 한한다) 기타 홍보에 필요한 사항을 일간신문에 게재할 수 있다. 이 경우 일간신문에의 광고회수의 계산에 있어서는 하나의 일간신문에 1회 광고하는 것을 1회로 본다.

1. **대통령 선거** : 총 70회 이내
2. **비례대표 국회의원 선거** : 총 20회 이내
3. **시·도지사 선거** : 총 5회 이내. 다만, 인구 300만을 넘는 시·도에 있어서는 300만을 넘는 매 100만까지 마다 1회를 더한다.

　　선거운동을 위한 방송광고는 후보자가 다음 각 호에 따라 선
거운동기간중 소속정당의 정강·정책이나 후보자의 정견 그 밖의
홍보에 필요한 사항을 텔레비전 및 라디오 방송시설을 이용하여
실시할 수 있되, 광고시간은 1회 1분을 초과할 수 없다. 이 경우 광
고회수의 계산에 있어서는 재방송을 포함하되, 하나의 텔레비전 또
는 라디오 방송시설을 선정하여 당해 방송망을 동시에 이용하는
것은 1회로 본다.

　　1. **대통령선거** : 텔레비전 및 라디오 방송별로 각 30회 이내

　　2. **비례대표국회의원선거** : 텔레비전 및 라디오 방송별로 각
　　　15회 이내

　　3. **시·도지사선거** : 지역방송시설을 이용하여 텔레비전 및 라
　　　디오 방송별로 각 5회 이내

8 　후보자 등의 방송연설

　　후보자와 후보자가 지명하는 연설원은 소속정당의 정강·정
책이나 후보자의 정견 기타 홍보에 필요한 사항을 발표하기 위하
여 다음과 같이 선거운동기간 중 텔레비전 및 라디오 방송시설을
이용한 연설을 할 수 있다.

1. **대통령 선거** : 후보자와 후보자가 지명한 연설원이 각각 1회 20분 이내에서 텔레비전 및 라디오 방송별 각 11회 이내

2. **비례대표 국회의원 선거** : 정당별로 비례대표 국회의원 후보자 중에서 선임된 대표 2인이 각각 1회 10분 이내에서 텔레비전 및 라디오 방송별 각 1회

3. **지역구 국회의원 선거 및 자치구·시·군의 장 선거** : 후보자가 1회 10분 이내에서 지역방송시설을 이용하여 텔레비전 및 라디오 방송별 각 2회 이내

4. **비례대표 시·도의원 선거** : 정당별로 비례대표 시·도의원 선거구마다 당해 선거의 후보자중에서 선임된 대표 1인이 1회 10분 이내에서 지역방송시설을 이용하여 텔레비전 및 라디오 방송별 각 1회

5. **시·도지사 선거** : 후보자가 1회 10분 이내에서 지역방송시설을 이용하여 텔레비전 및 라디오 방송별 각 5회 이내

9　방송시설주관 후보자연설의 방송

　텔레비전 및 라디오 방송시설이 방송국의 부담으로 선거 운동 기간 중 정당 또는 후보자를 선거인에게 알리기 위하여 후보자의 연설을 방송하고자 하는 때에는 내용을 편집하지 아니한 상태에서 방송하여야 하며, 선거구 단위로 모든 정당 또는 후보자에게 공평

하게 하여야 한다.

10 경력방송

한국방송공사는 대통령선거 · 국회의원선거 및 지방자치단체의 장 선거에 있어서 선거 운동기간 중 텔레비전과 라디오 방송시설을 이용하여 후보자마다 매회 2분 이내의 범위 안에서 관할선거구선거관리위원회가 제공하는 후보자의 사진 · 성명 · 기호 · 연령 · 소속정당명 및 직업 기타 주요한 경력을 선거인에게 알리기 위하여 방송하여야 한다. 이 경우 대통령선거가 아닌 선거에 있어서는 그 지역방송시설을 이용하여 실시할 수 있다.

경력방송 횟수는 텔레비전 및 라디오 방송별로 다음과 같다.

1. 대통령 선거 : 각 8회 이상

2. 국회의원 선거 및 자치구 · 시 · 군의 장 선거 : 각 2회 이상

3. 시 · 도지사 선거 : 각 3회 이상

11 방송시설주관 경력방송

한국방송공사외의 텔레비전 및 라디오 방송시설이 그의 부담으로 후보자의 경력을 방송하고자 하는 때에는 관할선거구선거관

리위원회가 제공하는 내용에 의하되, 선거구 단위로 모든 후보자에게 공평하게 하여야 한다.

12 공개장소에서의 연설 · 대담

후보자는 선거 운동기간 중에 소속 정당의 정강 · 정책이나 후보자의 정견, 그 밖에 필요한 사항을 홍보하기 위하여 공개장소에서의 연설 · 대담을 할 수 있다.

공개장소에서의 연설 · 대담을 위하여 다음과 같이 자동차와 이에 부착된 확성장치 및 휴대용 확성장치를 각각 사용할 수 있다.

1. 대통령선거 : 후보자와 시·도 및 구·시·군 선거연락소마
   다 각 1대·각 1조

2. 지역구 국회의원 선거 및 시·도지사 선거 : 후보자와 구·
   시·군 선거연락소마다 각 1대·각 1조

3. 지역구 지방의회의원 선거 및 자치구·시·군의 장 선거 :
   후보자마다 1대·1조

13 단체의 후보자등 초청 대담·토론회

선거운동과 관계 없는 단체는 후보자 또는 대담·토론자 1인
또는 수인을 초청하여 소속정당의 정강·정책이나 후보자의 정견
기타 사항을 알아보기 위한 대담·토론회를 옥내에서 개최할 수
있다.

14 언론기관의 후보자등 초청 대담·토론회

텔레비전 및 라디오 방송시설·「신문 등의 진흥에 관한 법률」
제2조제3호에 따른 신문사업자·「잡지 등 정기간행물의 진흥에 관
한 법률」제2조제2호에 따른 정기간행물사업자·「뉴스통신진흥에
관한 법률」제2조제3호에 따른 뉴스통신사업자 및 인터넷언론사는

선거 운동기간 중 후보자 또는 대담·토론자에 대하여 후보자의 승낙을 받아 1명 또는 여러 명을 초청하여 소속정당의 정강·정책이나 후보자의 정견, 그 밖의 사항을 알아보기 위한 대담·토론회를 개최하고 이를 보도할 수 있다.

⑮ 선거방송토론위원회 주관 대담·토론회

중앙선거방송토론위원회는 대통령 선거 및 비례대표 국회의원 선거에 있어서 선거운동기간 중 다음과 같이 대담·토론회를 개최하여야 한다.

1. **대통령 선거** : 후보자 중에서 1인 또는 수인을 초청하여 3회 이상

2. **비례대표 국회의원 선거** : 해당 정당의 대표자가 비례대표 국회의원 후보자 또는 선거운동을 할 수 있는 사람 중에서 지정하는 1명 또는 여러 명을 초청하여 2회 이상

⑯ 시·도선거방송토론위원회 주관 대담·토론회

시·도지사 선거 및 비례대표 시·도의원 선거에 있어서 선거운동기간 중 다음과 같이 대담·토론회를 개최하여야 한다.

1. 시 · 도지사 선거 : 후보자 중에서 1인 또는 수인을 초청하여 1회 이상
2. 비례대표 시 · 도의원 선거 : 해당 정당의 대표자가 비례대표 시 · 도의원 후보자 또는 선거운동을 할 수 있는 사람 중에서 지정하는 1명 또는 여러 명을 초청하여 1회 이상

17 　구 · 시 · 군선거방송토론위원회 주관 대담 · 토론회

선거운동기간 중 지역구 국회의원 선거 및 자치구 · 시 · 군의 장 선거의 후보자를 초청하여 1회 이상의 대담 · 토론회 또는 합동 방송연설회를 개최하여야 한다. 이 경우 합동방송연설회의 연설시 간은 후보자마다 10분이내의 범위에서 균등하게 배정하여야 한다.

18 　선거방송토론위원회 주관 정책토론회

중앙선거방송토론위원회는 정당이 방송을 통하여 정강 · 정책을 알릴 수 있도록 하기 위하여 임기만료에 의한 선거의 선거일 전 90일부터 후보자 등록신청 개시일 전일까지 다음 각호에 해당하는 정당의 대표자 또는 그가 지정하는 자를 초청하여 정책토론 회를 월 1회 이상 개최하여야 한다.

1. 국회에 5인 이상의 소속의원을 가진 정당
2. 직전 대통령선거, 비례대표국회의원선거 또는 비례대표 시·도의원선거에서 전국 유효투표총수의 100분의 3 이상 을 득표한 정당

⑲ 정보통신망을 이용한 선거운동

선거운동을 할 수 있는 자는 선거운동기간 중에 전화를 이용하여 송·수화자 간 직접 통화하는 방식으로 선거운동을 할 수 있다.

하지만 누구든지 정보수신자의 명시적인 수신거부의사에 반하여 선거운동 목적의 정보를 전송하여서는 아니 된다.

예비후보자 또는 후보자가 선거운동 목적의 정보를 자동 동보통신의 방법으로 문자메시지로 전송하거나 전송대행업체에 위탁하여 전자우편으로 전송하는 때에는 다음 각 호의 사항을 선거운동정보에 명시하여야 한다.

1. 선거운동정보에 해당하는 사실
2. 문자메시지를 전송하는 경우 그의 전화번호
3. 불법수집정보 신고 전화번호
4. 수신거부의 의사표시를 쉽게 할 수 있는 조치 및 방법에 관한 사항

인터넷언론사는 선거운동기간 중 당해 인터넷홈페이지의 게시판 · 대화방 등에 정당 · 후보자에 대한 지지 · 반대의 문자 · 음성 · 화상 또는 동영상 등의 정보를 게시할 수 있도록 하는 경우에는 행정안전부장관 또는 「신용정보의 이용 및 보호에 관한 법률」 제2조제4호에 따른 신용정보업자가 제공하는 실명인증방법으로 실명을 확인받도록 하는 기술적 조치를 하여야 한다. 다만, 인터넷언론사가 「정보통신망 이용촉진 및 정보보호 등에 관한 법률」 제44조의5에 따른 본인확인조치를 한 경우에는 그 실명을 확인받도록 하는 기술적 조치를 한 것으로 본다.

정당이나 후보자는 자신의 명의로 개설 · 운영하는 인터넷홈페이지의 게시판 · 대화방 등에 정당 · 후보자에 대한 지지 · 반대의 정보등을 게시할 수 있도록 하는 경우에는 제1항의 규정에 따른 기술적 조치를 할 수 있다.

후보자는 인터넷언론사의 인터넷홈페이지에 선거운동을 위한 광고를 할 수 있다.

인터넷 광고에는 광고 근거와 광고주명을 표시하여야 한다.

3

선거 절차

1 선거일과 선거기간

선거일이라는 것은 선거 후보자들에게 투표하는 날을 말하며 선거기간이라는 것은 후보자 등록을 마친 후 일정 기간 동안 유권자들에게 선거운동을 할 수 있는 기간을 말한다.

■ **선거일**
- 대통령선거 : 임기 만료일 전 70일 이후 첫 번째 수요일
- 국회의원선거 : 임기 만료일 전 50일 이후 첫 번째 수요일

- 지방의회의원 및 지방자치단체의 장 선거 : 임기 만료일 전 30일 이후 첫 번째 수요일

※ 선거일이 민속절 또는 공휴일인 때와 선거일 전일이나 그 다음날이 공휴일인 때에는 그 다음 주의 수요일로 한다.

2 선거기간

- 대통령선거 : 23일
- 국회의원선거와 지방자치단체의 의회의원 및 장의 선거 : 14일

3 보궐선거 등의 선거일

- 대통령의 궐위로 인한 선거 또는 재선거는 그 선거의 실시사유가 확정된 때부터 60일 이내에 실시하되, 선거일은 늦어도 선거일 전 50일까지 대통령 또는 대통령 권한대행자가 공고하여야 한다.
- 지역구국회의원 · 지방의회의원 및 지방자치단체의 장의 보궐선거 · 재선거, 지방의회의원의 증원선거는 전년도 10월 1일부터 3월 31일까지의 사이에 그 선거의 실시사유가 확정된 때에는 4월 중 마지막 수요일에 실시하고, 4월 1일부터 9월 30일까지의 사이에 그 선거의 실시사유가 확정된 때에는 10월 중 마지막 수요일에 실시한다.

예비후보자가 되려는 사람은 다음과 같이 정하는 날부터 관할
선거구선거관리위원회에 예비후보자등록을 서면으로 신청하여야
한다.

1. **대통령 선거** : 선거일 전 240일
2. **지역구 국회의원 선거 및 시 · 도지사 선거** : 선거일 전 120일
3. **지역구 시 · 도의회의원 선거, 자치구 · 시의 지역구 의회의
   원 및 장의 선거** : 선거기간 개시일 전 90일
4. **군의 지역구 의회의원 및 장의 선거** : 선거기간 개시일 전
   60일

■ 예비후보자등록을 신청하는 사람은 해당 선거 기탁금의
   100분의 20에 해당하는 금액과 함께 다음의 서류를 중앙
   선거관리위원회규칙으로 정하는 바에 따라 관할선거구선
   거관리위원회에 제출하여야 한다.

1. 중앙선거관리위원회규칙으로 정하는 피선거권에 관한 증명
   서류
2. 전과기록에 관한 증명서류
3. 제49조제4항제6호에 따른 학력에 관한 증명서(한글번역문을 첨
   부한다)

■ **예비후보자 등의 선거운동** : 예비후보자는 다음 중 어느 하나에 해당하는 방법으로 선거운동을 할 수 있다.

1. 선거사무소를 설치하거나 그 선거사무소에 간판·현판 또는 현수막을 설치·게시하는 행위

2. 자신의 성명·사진·전화번호·학력·경력, 그 밖에 홍보에 필요한 사항을 게재한 길이 9센티미터 너비 5센티미터 이내의 명함을 직접 주거나 지지를 호소하는 행위.

3. 선거구 안에 있는 세대수의 100분의 10에 해당하는 수 이내에서 자신의 사진·성명·전화번호·학력·경력, 그 밖에 홍보에 필요한 사항을 게재한 인쇄물을 작성하여 관할 선거관리위원회로부터 발송대상·매수 등을 확인받은 후 선거기간개시일 전 3일까지 중앙선거관리위원회규칙이 정하는 바에 따라 우편발송하는 행위. 이 경우 대통령선거 및 지방자치단체의 장선거의 예비후보자는 표지를 포함한 전체면수의 100분의 50 이상의 면수에 선거공약 및 이에 대한 추진계획으로 각 사업의 목표·우선순위·이행절차·이행기한·재원조달방안을 게재하여야 하며, 이를 게재한 면에는 다른 정당이나 후보자가 되려는 자에 관한 사항을 게재할 수 없다.

4. 선거운동을 위하여 어깨띠 또는 예비후보자임을 나타내는 표지물을 착용하는 행위

5. 전화를 이용하여 송·수화자 간 직접 통화하는 방식으로 지

지를 호소하는 행위

■ 다음의 사람은 예비후보자의 선거운동을 위하여 예비후보
  자의 명함을 직접 주거나 예비후보자에 대한 지지를 호소
  할 수 있다.
1. 예비후보자의 배우자와 직계존비속
2. 예비후보자와 함께 다니는 선거사무장·선거사무원 및 활
  동보조인
3. 예비후보자 또는 그의 배우자가 그와 함께 다니는 사람 중
  에서 지정한 각 1명

3 **당내 경선**

- 정당은 공직선거후보자를 추천하기 위하여 경선을 실시할 수 있다.
  정당이 당내경선을 실시하는 경우 경선 후보자로서 당해 정당의 후보자로 선출되지 아니한 자는 당해 선거의 같은 선거구에서는 후보자로 등록될 수 없다.

4 **후보자 공천**

- 정당은 선거에 있어 선거구별로 선거할 정수 범위 안에서 그 소속당원을 후보자로 추천할 수 있다. 다만, 비례대표 자치구·시·군의원의 경우에는 그 정수 범위를 초과하여 추천할 수 있다.

- 정당이 비례대표 국회의원 선거 및 비례대표 지방의회의원 선거에 후보자를 추천하는 때에는 그 후보자 중 100분의 50 이상을 여성으로 추천하되, 그 후보자명부의 순위의 매 홀수에는 여성을 추천하여야 한다.

- 정당이 임기 만료에 따른 지역구 국회의원 선거 및 지역구

지방의회의원 선거에 후보자를 추천하는 때에는 각각 전국 지역구 총수의 100분의 30 이상을 여성으로 추천하도록 노력하여야 한다.

■ 정당이 임기 만료에 따른 지역구 지방의회의원 선거에 후보자를 추천하는 때에는 지역구 시·도의원 선거 또는 지역구 자치구·시·군의원 선거 중 어느 하나의 선거에 국회의원 지역구마다 1명 이상을 여성으로 추천하여야 한다.

5 무소속 후보자 추천

관할선거구 안에 주민등록이 된 선거권자는 다음과 같이 각 선거 별로 정당의 당원이 아닌 자를 당해 선거구의 후보자로 추천할 수 있다.

1. **대통령 선거** : 5개 이상의 시·도에 나누어 하나의 시·도에 주민등록이 되어 있는 선거권자의 수를 700인 이상으로 한 3천500인 이상 6천인 이하
2. **지역구 국회의원 선거 및 자치구·시·군의 장 선거** : 300인 이상 500인 이하
3. **지역구 시·도의원 선거** : 100인 이상 200인 이하

4. **시·도지사 선거** : 당해 시·도 안의 3분의 1 이상의 자치구·시·군에 나누어 하나의 자치구·시·군에 주민등록이 되어 있는 선거권자의 수를 50인 이상으로 한 1천인 이상 2천인 이하

5. **지역구 자치구·시·군의원 선거** : 50인 이상 100인 이하. 다만, 인구 1천인 미만의 선거구에 있어서는 30인 이상 50인 이하

6 후보자 등록

후보자의 등록은 대통령 선거에서는 선거일 전 24일, 국회의원 선거와 지방자치단체의 의회의원 및 장의 선거에서는 선거일 전 20일 관할선거구선거관리위원회에 서면으로 신청하여야 한다.

7 공무원 등의 입후보

다음 중 어느 하나에 해당하는 사람으로서 후보자가 되려는 사람은 선거일 전 90일까지 그 직을 그만두어야 한다. 다만, 대통령 선거와 국회의원 선거에 있어서 국회의원이 그 직을 가지고 입후보하는 경우와 지방의회의원 선거와 지방자치단체의 장의 선거

에 있어서 당해 지방자치단체의 의회의원이나 장이 그 직을 가지
고 입후보하는 경우에는 그러하지 아니하다.

1. 국가공무원과 지방공무원.

2. 각급선거관리위원회위원 또는 교육위원회의 교육위

3. 다른 법령의 규정에 의하여 공무원의 신분을 가진 자

4. 「공공기관의 운영에 관한 법률」정부가 100분의 50 이상의
   지분을 가지고 있는 기관의 상근 임원

5. 「농업협동조합법」·「수산업협동조합법」·「산림조합법」·
   「엽연초생산협동조합법」에 의하여 설립된 조합의 상근 임
   원과 이들 조합의 중앙회장

6. 「지방공기업법」에 규정된 지방공사와 지방공단의 상근 임원

7. 「정당법」규정에 의하여 정당의 당원이 될 수 없는 사립학
   교 교원

8. 대통령령으로 정하는 언론인

9. 특별법에 의하여 설립된 국민운동단체로서 국가 또는 지방
   자치단체의 출연 또는 보조를 받는 단체(바르게살기운동협의
   회·새마을운동협의회·한국자유총연맹을 말하며, 시·도조직 및 구·시·
   군조직을 포함한다)의 대표자

※ 다음의 경우에는 후보자등록신청 전까지 그 직을 그만두어
야 한다.

1. 비례대표 국회의원 선거나 비례대표 지방의회의원 선거에

입후보하는 경우

2. 보궐선거 등에 입후보하는 경우

3. 국회의원이 지방자치단체의 장의 선거에 입후보하는 경우

4. 지방의회의원이 다른 지방자치단체의 의회의원이나 장의
   선거에 입후보하는 경우

정치가가
되는 길

4

정치인이 되는 자격 조건은 법에 규정한 나이와 국적을 가진 국민으로서 공직선거에 입후보할 자격을 박탈당하지 않은 모든 국민에게 열려 있다.

학력, 나이, 신체적 조건, 재산 등등과 관계없이 누구나 추천을 받으면 입후보할 수 있고, 투표 결과 최다득표를 하면 공직에 취임할 수 있다. 즉, 누구나 대통령, 국회의원, 시장, 도지사, 군수, 구청장, 시/도의원이나 시/군/구의원이 될 수 있는 것이다.

이것이 가장 확실하게 정치인으로 입직하는 길이다.

그 이외에 사회활동을 통하여 지명도를 높이거나 정당 활동 또는 언론 활동 등을 하면서 정치인의 길을 준비할 수 있다.

현직 정치인들 중에는 정당인, 교수, 언론인, 군인, 법조인, 시민단체 활동가, 국회의원 보좌관 등등 다양한 직군 출신으로 이루어져 있다. 따라서 정치인의 길이라고 정해진 것은 없으며 어느 분야이던지 정치가가 되겠다고 마음만 먹으면 선거를 통하여 정치인이 될 수 있다.

1. 선거를 통한 방법
2. 정당을 통한 방법
3. 사회활동을 통한 방법
4. 정무직, 보좌관 공무원으로 임용

참고자료

5

정치가와 관련된 법령정보는 국가법령정보센터에서 확인할
수 있다.

- 공직선거법(법률 제12583호)
- 정당법(법률 제12150호)
- 정당 사무 관리 규칙(중앙선거관리위원회규칙 제368호)
- 국회법(법률 제11453호)